비욘드 시크릿

비욘드 시크릿

브렌다 바너비 지음 김영주 옮김

살림Biz

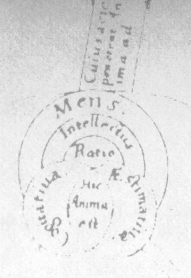

우리는 현재 자신의 모습을 알지만 미래의 모습은 알지 못한다.

_윌리엄 셰익스피어(William Shakespeare)

우리는 우리가 원하는 존재가 될 수 있다.

_피코 델라 미란돌라(Pico della Mirandolla)

들어가는 말   8

믿어라, 당신은 진정으로 원하는 것을 이룰 수 있다

생각의 근본 물질   14

생각의 힘   16

생각의 진동   18

성공의 철학   21

의지의 중요성   23

힘은 자신의 내면에 있다   26

결심하라, 지금이 인생을 바꿀 절호의 기회다

우주의 위대한 법칙   35

새 천년의 기회   37

가장 위대한 힘   39

시작하라, 위대한 법칙은 당신의 꿈을 그리는 도구다

자신의 위치를 점검하라   50

심호흡을 연습하라   53

집중력을 훈련하라   65

기회를 활용하라   70

부정적인 생각을 떨쳐내라   75

두려움을 극복하라   82

그림 그리기를 실천하라   93

완성하라, 당신이 그리던 삶은 반드시 이루어진다

마음의 안정을 이루어라   111

치유적 그림 그리기를 활용하라   122

애정 생활을 개선하라   137

창조적 그림 그리기를 활용하라   153

경제적 부를 추구하라   166

우주의 모든 법칙은 하나다

평화를 이루는 지혜   179

고통을 없애는 길   183

모든 것을 치유하는 에너지   186

우주의 조화를 깨우치기 위한 비밀   189

끌어당김 법칙의 원천   192

관계를 다스릴 줄 아는 능력   194

인물소개   199

들어가는 말

　내가 이 책을 쓰게 된 가장 큰 동기는 우리가 특별한 기회를 가지고 있다는 신념 때문이다. 날이 갈수록 영향력이 커지고 있는 정신주의적 교리가 바로 이 신념의 근원이다. 정신주의가 마침 새로운 천년을 시작하는 지금 각광을 받고 있는 것은 단순한 우연이 아닐 것이다. 이러한 현상을 가장 잘 대변하는 것은 DVD와 책 모두 엄청난 성공을 거둔 론다 번Rhonda Byrne의 『시크릿The Secret』이다. 론다 번은 20명 이상의 정신주의 및 자기 계발 분야 전문가들의 도움을 받아 그들이 들려주는 마음의 진동에 대한 끌어당김의 법칙의 이론적 토대와 실제 사례를 독자에게 소개했다. 론다 번도 밝혔듯이 이 신념은 아주 오래된 것이며 역사의 흐름과 함께 저명한 인물들에 의해 계승되었다. 희소식이라면 '시크릿'에 참여한 인물들처럼 새로운 대가와 지도자들에 의해 이제 그 비밀을 모두가 알게 됐다는 것이다.

론다 번의 이 훌륭한 작품은 모두의 존경을 받아 마땅하다. 책에서 소개되고 있는 개념 또한 이해하기 쉽도록 간단명료하다. 그 무엇보다 비밀스러운 마음의 힘을 굳게 믿은 그녀의 열정에 찬사를 보낸다. 이 성스러운 마음의 힘은 다음과 같은 목적에 이용될 것이다.

우리의 삶을 바꾸고 충만함, 번영 그리고 목표 달성을 이룰 것이다.

이렇게 해서 독자들에게 이 현상에 대해 좀 더 완성된 시각을 제공하리라 믿는다. 우리 마음속에 잠재된 멋진 에너지에 대한 확고한 믿음도 줄 것이다. 그 무엇보다 이 책은 현존하는 최고의 지도자와 대가들의 조언과 연습법을 다양하게 제시하고 있다.

아무쪼록 이 책에서 멋진 경험을 할 추진력과 길을 찾기 바란다.

자신의 삶을 바꾸고 가장 강력한 소망을 이루어라!

orbita Saturni

orbita Jovis

orbita martis

orbita

orbita mercu

믿어라,
당신은 진정으로 원하는 것을 이룰 수 있다

우주는 변화이다.
우리의 삶은 곧 우리의 생각이다. _마르코 아우렐리오(Marco Aurelio)

고대에는 영혼, 정신, 육체가 모여 에너지를 만든다는 믿음과, 우주를 다스리는 전지전능한 존재와 소통한다는 믿음에서 비롯된 지혜가 있었다. 당시 대가들은 이 신비로운 지혜를 수천 년에 걸쳐 몇몇 개인이나 선별된 집단에게만 전수했다. 그러나 전수된 지혜는 지극히 단편적이었고, 전파하는 이들의 신념과 성향이 반영되곤 했다.

19세기 말에서 20세기 초에는 고대의 지혜를 전파하는 일은 드물었고, 또한 은밀하게 이루어졌다. 이때 등장한 석학들은 이토록 놀라운 유산을 널리 전하기 위해 일관되고 구체적인 시각을 모색했다. 이러한 노력이 오늘날 결실을 맺어 누구나 삶을 풍족하게 가꿀 수 있는 기회를 누리게 된 것이다.

고대 지혜의 비밀은 이를 연구하고 전파한 수많은 사상가와 연구자들에 의해 해독되었으며, 덕분에 우리는 그 효능을 실질적으로 누리고 있다. 그들에 대한 감사의 표시로, 다양한 이론들의 합일점을 찾게 해 준 가장 저명한 몇몇 이들의 업적을 소개하고자 한다.

생각의 근본 물질

월러스 워틀스(Wallace Wattles, 1860~1911)

월러스 워틀스는 고대 거장들의 지식을 되찾는 데 중추적인 역할을 한 인물이다. 이른바 '신사상New Thought'의 주창자이기도 했던 그는 1910년 『부자가 되는 법The Science of Getting Rich』을 통해 또 하나의 업적을 기록한다. 그의 저서는 약 100년 후 론다 번에게 영감을 주었고, 그로 인해 그녀의 성공작 『시크릿』이 영화와 책으로 탄생하게 되었다.

> 모든 생명체의 목적은 발전이다. 따라서 생명을 가진 모든 것은
> 도달할 수 있는 발전에 대한 원천적 권리가 있다. _월러스 워틀스

워틀스는 그의 저서들을 통해 무형의 생각하는 근본 물질이 존재하며, 바로 그것이 우주를 구성하는 모든 것의 출발점이라고 주장한다. 즉 그가 생각하는 근본 물질은 모든 각도에서 바라본 전 시대에 존재하는 만물이 총집결된, 일종의 보르헤스의 '알레프Aleph(우주의 비밀을 간직한 발광체)'와 같은 것이다. 그것의 초기 단계에는 무형 물질이 우주 곳곳을 침투해 가득 메운다.

이에 대해 워틀스는 다음과 같이 말한다.

이 물질 안에 있는 사고는 생각이 상상한 것을 생산해 낸다. 사람은 머릿속으로 무엇이든 떠올릴 수 있으며 무형 물질 위에 자신이 상상한 것을 찍어 냄으로써 그것을 창조한다.

사고와 우주 간에 창조적 관계가 존재한다는 발상은 고대 동양의 불교와 힌두교에서 비롯되었다. 이러한 생각들은 중세 시대에 영혼의 의지 및 물질을 만들거나 바꿈으로써 현실을 변화시킬 수 있다는 연금술, 마술, 신통력 등을 통해 다시 등장하게 된다. 또한 근대 시대에는 이것이 주체와 우주 사이의 에너지 및 진동의 교류를 이용하는 방식 또는 요법의 이론적 토대가 된다.

워틀스는 무형 물질과의 완벽한 조화를 이루기 위해 필요한 것은 경쟁적 마인드에서 창조적 마인드로 바꾸는 것이라고 제안한다. 그렇지 않으면 '창조'가 핵심인 무형 지능과는 조화로운 관계를 맺을 수 없다고 주장한다. 그러나 무형 지능은 우리 모두에 대해서도 창조적이다. 그것과 소통할 수 있는 진정한 비밀은 바로 감사하는 것이다.

사람은 자신에게 내려온 축복에 진실로 감사한 마음을 가짐으로써 무형 물질과 완벽한 조화를 이룰 수 있다. 감사는 사고를 받아들이는 지능을 마음과 하나로 결합시킨다. 우리는 깊고 지속적인 감사의 마음을 통해 무형 지능과 하나가 됨으로써 창조적 마인드를 유지할 수 있다.

월러스 워틀스의 『부자가 되는 법』은 20세기 전반에 전례 없는 성공을 거두었다. 아울러 그의 철학은 정신적 기술과 긍정적 사고를 연구하는 많은 사상가와 저명한 저자들에게 영향을 주었다.

생각의 힘

제임스 앨런(James Allen, 1864-1912)

영국의 사상가이자 시인인 제임스 앨런은 1902년 『생각의 법칙As a Man Thinketh』을 발표하면서 생각의 힘을 전파하는 데 중추적인 기여를 했다. 앨런은 38세에 대기업 임원으로 일하다가 깨달음을 얻었다. 그후 직장을 그만두고 아내와 함께 데번Devon에 있는 작은 시골집으로 이사를 했다. 그곳에서 앨런은 명상의 시간을 보내며 정신력의 중요성에 관한 집필에 몰두했다.

사람은 온전히 자신의 생각 그 자체이다.
따라서 성격은 생각들의 총체이다. _제임스 앨런

이 책에서 앨런은 주변 상황이나 다른 사람의 태도와 무관한, 우리의 생각과 운명 간의 관계에 대한 기본 지침을 제시했다. 한편 그는 우리의 생각이 이러한 상황이나 태도를 만드는 것이라고 주장했다. 다음에서 그의 견해를 살펴볼 수 있다.

> 사람은 자기 생각의 주인이자 성격을 형성하는 주체이며 삶의 조건, 환경, 운명을 창조하는 자이다. 사람은 힘, 지성, 사랑의 존재이자 자기 생각의 주인으로서 모든 상황에 대처할 수 있는 열쇠를 쥐고 있으며, 자신이 바라는 모습으로 스스로를 변화시키고 발전시킬 수 있는 내면의 힘을 가지고 있다.

제임스 앨런의 책에서는 인간이 허구나 술책이 아닌 숭고한 법칙에 따라 창조되었다는 점을 상기시키고 있다. 원인과 결과는 눈에 보이는 물질세계에서나, 눈에 보이지 않는 생각의 세계에서도 절대적이며 빗나가는 법이 없다.

그에 따르면 완결하고 성공적인 삶은 우연으로 얻어지는 것이 아니다. 그것은 올바르게 생각하고자 하는 꾸준한 노력의 결과이다. 또한 그는 우리가 자기 생각의 진정한 주인이 될 때 비로소 완벽의 경지에 다다를 수 있다고 강조했다. 이러한 앨런의 철학은 그의 저서에 고스란히 담겨 있다.

인간의 존재와 파괴는 자기 자신에게 달려 있다. 생각의 무기고에는 자멸할 수 있는 무기와, 기쁨과 힘 그리고 평화를 느낄 수 있는 도구들이 담겨 있다. 인간은 올바른 선택과 사고를 통해 신성한 경지에 오를 수 있다.

스스로 무너지느냐, 아니면 성스러운 완벽의 경지에 도달하느냐. 선택은 우리의 몫이다.

생각의 진동
윌리엄 워커 앳킨슨(William Walker Atkinson, 1862-1932)

이 분야에서 선구자 역할을 한 윌리엄 워커 앳킨슨은 수많은 저서와 기고문을 통해 '생각의 진동' 이론을 발전시켰다. 변호사이자 작가 겸 편집자였던 그는 이른바 '신사고' 운동의 흐름에 적극적으로 동참하면서 이 운동의 이름을 딴 책을 내기도 했다. 몇몇 비평가들은 그가 1906년에 집필한 『생각의 진동 또는 생각의 세계 속 끌어당김의 법칙Thought Vibration or the Law of Attraction in the Thought World』이 론다 번의 『시크릿』 붐을 일으키는 데 결정적인 역할을 했다고 주장한다.

사람은 누구에게나 잠재된 특별한 능력이 있다.

그 중 소수만이 그것을 발현시킬 수 있다. _윌리엄 워커 앳킨슨

앳킨슨의 논리에 따르면, 이러한 특별한 능력은 하나의 잠재력이자 우리의 사고 능력을 초월하게 해주는 자질이다. 사람들은 대부분 잠재적 특질을 모르거나 게을러서 사용하지 않는다. 그것을 끌어내 사용하는 유일한 방법은 끊임없이 생각의 진동을 의식하는 것이다. 사람은 사고의 과정에서 무의식적으로 이러한 진동을 발산하는데, 대개는 흩어져 사라지고 만다. 그러나 진동을 의식하여 사고 속에 내재된 모든 힘을 집중시키면 엄청난 에너지가 생겨나고 오랫동안 효력을 발생하게 된다.

사람이 생각하거나 감정을 느끼면 뇌에서 사고 에너지가 만들어지고, 파장으로 된 이 에너지는 그 정도에 비례하여 그 사람을 둘러싼 주변에서 팽창한다. 이러한 파장은 다른 사람의 사고에서도 유사한 진동을 일깨우는 성질이 있어 생각의 법칙에 따라 다른 사람의 힘의 영역에 들어가기도 한다.

당시 신경학과 정신학에서 일구어 낸 성과들이 워커 앳킨슨의 '생각의 진동' 이론을 뒷받침했다. 특히 여러 가지 실험을 통해 사람이 생각

하고 느낄 때 뇌 특정 부위의 온도가 올라간다는 사실이 밝혀졌다. 온도의 상승은 에너지가 방출된다는 것을 뜻한다. 그리고 모든 에너지는 진동을 통해 발산된다. 빛, 전기 또는 라디오에서 이러한 현상이 일어난다면, 생각의 에너지에서도 가능할 수 있다. 앳킨슨이 말하는 생각의 진동을 활용할 수 있는 비밀은 다음과 같다.

> 생각의 영향력을 모른 채 무의식적으로 발산된 뇌파와 그렇지 않은 뇌파 간에는 큰 차이가 있다. 그 힘은 같은 종류의 것이나 그 정도나 효과는 발산하는 추진력에 따라 결정된다.

앳킨슨은 자기 자신에게 그의 가설과 생각을 적용했다. 결과는 불 보듯 뻔했다. 생각의 진동을 통해 그는 작업 능력을 배가할 수 있었다. 이후 그는 본명과 필명으로 수십 권의 책을 집필하면서 신사상 운동을 공고히 했다. 앳킨슨은 형이상학 또는 신비학과 같은 주제에 대해서도 심도 있게 고민했으며, 그 결과 서양에 힌두교와 요가를 도입한 선구자 중하나가 되었다.

생각의 진동을 정복하면 우리의 상황을 바꿀 수 있다.

성공의 철학
나폴레온 힐(Napoleón Hill, 1883~1970)

나폴레온 힐 교수는 정신주의Mentalism 및 자기 계발 분야의 책에서 가장 영향력 있는 『놓치고 싶지 않은 나의 꿈 나의 인생Think and Grow Rich』의 저자이다. 힐은 독자들을 위해 자신의 이론적 토대에 실질적인 조언을 더함으로써 고대 지혜를 신봉하는 다양한 기조의 작가들에게 지지를 받았다. 그는 자신의 전략을 '성공의 철학'이라 이름 붙였다. 힐의 조언에는 그의 개인적, 사회적, 물질적 특징이 잘 드러나 있다.

> 머릿속에서 생각하고 믿는 것은
> 무엇이든 이룰 수 있다. _나폴레온 힐

당시 획기적이었던 지그문트 프로이트Sigmund Freud의 정신분석학을 바탕으로 힐 교수는 성적 욕구에 내재된 에너지를 주목하고, 이를 활용하면 다른 분야의 목표를 달성할 수 있다고 주장했다.

성적 욕구는 인간의 욕망 중 가장 강력한 것이다. 사람은 성적 욕구를 느낄 때 평소보다 월등한 상상력, 용기, 의지, 끈기 그리고 창의력을 발휘하게 된다.

힐은 사람이 강한 성적 욕구를 만족시키기 위해 자신의 존엄성, 명성, 심지어 목숨까지 내놓을 수 있다고 보았다. 그러나 이러한 잠재 에너지는 그 장점들을 보존하면서 다른 통로로 발현될 수 있다. 정신력 훈련을 열심히 하는 사람은 이것을 예술, 사회, 직업 등 다른 목적을 위해 사용할 수 있다. 이에 대해 힐은 다음과 같이 말한다.

> 성적 에너지를 다른 목적으로 활용하려면 확고한 의지를 갖춰야 한다. 그 노력의 대가는 크다. 사람은 태어날 때부터 자연스레 성적 욕구를 가지고 있다. 따라서 억제할 수도 없고 억제해서도 안 되는 것이다. 다만 영혼, 정신, 육체를 풍요롭게 할 수 있는 다른 통로를 열어둘 필요가 있다. 성적 에너지를 변화시킬 수 없다면, 이는 순전히 신체적인 욕구를 충족시키기 위한 수단에만 머물게 될 것이다.

> 사람의 정신력은 성적 에너지를 발산함으로써 강화된다.

나폴레온 힐이 육체적인 성행위를 배척하는 퓨리턴Puritan이었다고 오해하지는 말자. 그가 주장한 바는 성적 에너지의 일부분을 '빌려서' 올바르게 사용하자는 것이다. 힐의 철학은 에너지와 물질 간의 우주론적 관계를 해석한 에디슨처럼 마인드 컨트롤에 기반을 두고 있다. 이러한 접근법을 활용하면 정신은 육체적 기반을 통해 풍요로워진다.

나는 우주가 끝없는 사고의 지배를 받고 있다는 사실을 안다.

존재하는 모든 것 역시 끝없는 법칙의

지배를 받는다. _토마스 알바 에디슨(Thomas Alva Edison)

의지의 중요성

얼 나이팅게일(Earl Nightingale, 1921~1989)

수많은 베스트셀러의 저자 얼 나이팅게일은 그의 스승으로 곧잘 언급되는 나폴레온 힐의 사상을 계승했다. 나이팅게일의 이론은 마음의 힘에 기반을 두고 있다. 그러나 그는 우주론적 성격이나 신비적인 색채가 배제된 마음의 힘을 제시하고 이것을 지배할 수 있는 주체의 능력에 주목한다. 나이팅게일은 의지와 집중력에 바탕을 둔 기법으로 자기 계발 분야 내에서 '동기부여적Motivational' 경향의 선구자로 자리매김했다.

필요한 것은 오직 자신이 도달하고 싶은 곳이 어디인지 아는 것이다.

그러면 곧바로 해답이 보일 것이다. _얼 나이팅게일

어찌 보면 나이팅게일이 『생각하라! 그러면 부자가 되리라Think and Go Rich』를 읽고 난 뒤 론다 번보다 먼저 깨달음을 얻었다고 할 수 있다. 그는 롱비치의 한 공립도서관에서 월러스 워틀스의 책을 발견했다고 한다. 그때 그는 "특별한 자질이 없는 평범한 사람이 원점에서 시작해서 어떻게 자신에게 중요한 목표를 달성하고 다른 사람들에게 귀감이 될 수 있을까?"라는 질문에 대한 해답을 찾던 중이었다.

나이팅게일은 워틀스의 책에서 그 해답을 찾았다. 적어도 해답을 얻을 수 있는 길을 발견했다. 그때가 1957년이었고 같은 해 론다 번의 『시크릿』과 제목이 비슷한 그의 첫 작품 『가장 낯선 비밀The Strangest Secret』이 출판되었다. 나이팅게일의 비전에 따르면, 성공의 열쇠는 어떤 목표를 설정하고 그것을 이루기 위해 노력하는 것이다. 그러나 이 목표는 꼭 특정 지위나 명예 또는 겉으로 드러나는 성공을 의미하지 않는다. 개인의 내면을 투영하면서 삶의 매 순간을 즐기기 위한 목표를 말하는 것이다.

우리는 행복을 이루기 위해서 언제나 자신에게 중요한 목표 한 가지를 가지고 있어야 한다. 목표는 개인의 관심사를 반영해야 한다. 또한 하루에 열두 시간 내지 열다섯 시간을 투자하고 나머지 시간은 그것에 대해 고민하면서 즐길 수도 있는 것이어야 한다. 우리가 잠재의식에서 떠올려 반복과 감정을 통해 키워 나가는 것은 언젠가 이루어진다.

나이팅게일은 성공의 개념을 어떤 것이든 목표를 지속적으로 달성하는 것으로 정의한다. 우리는 진정한 도전이라 여길 만한 상당히 까다롭고 야심 찬 목표를 설정해야 한다. 또한 이러한 목표는 우리의 가능성과 우리가 처한 외부 상황과 맞아떨어져야 한다. 목표를 정한 순간 이미 우리는 성공의 길목에 들어선 것이다. 이제 어디로 향해야 할지 알기 때문이다.

나이팅게일은 우리에게 목표가 있을 때 인생에 대해 더욱 긍정적인 비전을 가지게 된다고 역설한다. 목표는 우리에게 더 풍부한 활기를 줄 뿐만 아니라 우리 자신과 주변 세상을 더 분별력 있게 보도록 해준다.

삶의 매 순간을 즐기는 법을 배워라. 지금 이 순간부터 행복하라. 앞으로 자신을 행복하게 만들어 줄 것을 자신의 밖에서 찾지 마라. 다시 말해 일에서나 가정에서 지금 쓸 수 있는 시간이 얼마나 소중한지를 생각하라. 매 순간을 즐기고 음미해야 한다.

적절한 목표를 정함으로써 행복해지고 삶을 즐길 수 있다.

힘은 자신의 내면에 있다
조셉 머피(Joseph Murphy, 1898-1981)

사상가이자 저술가이며 자기 성장 분야의 지도자인 조셉 머피는 50년의 세월을 마음과 영혼의 힘을 설파하는 데 보냈다. 주요 종교 교리를 심도 있게 연구한 결과 그의 트레이드마크가 된 "힘은 당신의 내면에 있다!"라는 모토를 통해 여러 이론을 통합시켰다.

이러한 신념 아래 그는 30년 동안 로스앤젤레스에 있는 디바인 사이언스Divine Science 교회를 이끌었다. 또한 수많은 저서를 집필하고 세계 각국에서 강연회를 열기도 했다.

> 마법 같은 잠재의식의 힘을 이용하기 시작할 때
>
> 진실로 놀라운 일들을 만들어 낼 수 있을 것이다. _조셉 머피

머피는 어떤 목적을 달성하기 위한 마음의 의식 차원과 잠재의식 차원 간의 조화로운 상호작용을 '과학적인 기도'라고 이름 붙이고 이를 발전시켰다. 그의 철학대로라면 우리는 각자에게 내재된 무한한 내면의 힘을 정복함으로써 삶에서 진정으로 원하는 바를 이룰 수 있다. 신념은 머피 철학의 핵심이다. 그러나 여기서 신념이란 미신적인 것이 아닌, 내면의 힘이 있다는 믿음과 이를 행복을 이루기 위한 최상의 도구로 믿는

결심을 말한다.

인생의 법칙은 곧 신념의 법칙이다. 한마디로 말하자면, 믿음은 머릿속의 생각이다. 당신의 생각, 감정, 믿음의 형태가 당신의 정신, 육체, 상황을 결정한다. 당신이 무엇을, 그리고 왜 하는지 제대로 이해한다면 삶의 좋은 것이 집결된 무의식의 경지에 오를 수 있을 것이다.

조셉 머피가 제안한 이 방법은 구체적인 문제에 대한 구체적인 해답을 얻기 위한 것이다. 또한 일상생활에서 발생하거나 개인이 스스로 풀어야 하는 문제들을 해결하기 위함이다. 아직 발견하지 못한 자신의 숨겨진 힘을 이용해서 말이다. 이러한 힘을 인정하고 활용하는 법을 배움으로써 당면한 문제를 대처하고 해결할 수 있다.

보다 행복하고 완전하며 풍요로운 삶을 원한다면 잠재의식의 힘을 이용하라. 그러면 일상적인 문제를 풀어갈 실마리가 보일 것이다. 직장에서의 문제도 해결할 수 있을 것이고, 이로써 조화로운 인간관계를 유지하게 될 것이다.

머피가 꾸준히 큰 성공을 이룰 수 있었던 비결은 아마도 그의 철학이

과대 포장되어 있지 않기 때문일 것이다. 그가 제시하는 비전은 막대한 부나 끓어오르는 열정 또는 최정상의 위치를 겨냥한 것이 아니다. 다만 전 세계 수백만의 평범한 사람들이 겪고 있는 개인사나 가정문제를 해결하기 위한 일종의 처방전 역할을 할 뿐이다. 또한 개인이 조화를 이루고 그가 '삶의 좋은 것'이라고 부른 것을 건전하게 즐기기 위함이다. "당신이 해야 할 일은 자신과 자신이 이루고자 하는 것을 정신적으로나 감정적으로 일치시키는 것이다. 그러면 잠재의식의 창조적인 힘이 그에 합당한 반응을 할 것이다. 지금, 오늘 시작하라! 자신의 삶에서 기적이 나타나게 하라! 새로운 여명이 찾아오고 영원히 그림자가 걷힐 때까지 계속하라."

문제의 해결책은 잠재의식의 힘에 있다.

지금까지 소개한 사상가 및 저자와 더불어 어니스트 홈즈Hernest Holmes, 루이스 헤이Louis Hay, 로버트 콜리어Robert Collier, 엠멧 폭스 Emmet Fox, 제네비에브 베헤렌드Genevieve Beherend와 같은 인물들은 우리의 정신에 내재된 에너지의 기능에 관한 사상과 경험에 대해 일관된 그림을 그려왔다. 이러한 지식과 제안들은 이른바 '신사상 운동'을 이루었다. 신사상 운동은 긍정적인 사고와 끌어당김의 법칙과 함께 이른바 우리가 '새 천년의 기회'라고 이름 붙인 흐름을 이끌고 있다.

결심하라,
지금이 인생을 바꿀 절호의 기회다

인간은 두려움으로 인해 죽고,
소망으로 인해 영원하다. 피타고라스(Pythagoras)

지금 우리는 인생을 개선할 특별한 순간에 서 있다. 새 천년으로 넘어간다는 것은 시대의 바뀜이자 우주의 좌표에 영향을 준 우주의 전환 그리고 천체의 진동을 의미한다. 이러한 현상은 우리 마음의 잠재 에너지가 이것과 상호 작용하여 우리의 목표를 이루게 해주는 힘 간의 역학관계에 엄청난 변화를 가져다주었다.

우리가 살고 있는 이 시대는 정신적 경험을 하기에 적당한 시기이다. 우리는 여러 사상가와 영적 지도자가 지난 수십 년간 쌓아온 지식을 이용할 수 있다. 이들은 대부분 지금 우리가 맞이한 이 좋은 시기를 직감적으로 알고 있었으며, 잠재의식의 에너지로부터 광범위하고 심오한 변화를 일으킬 수 있는 기반을 마련했다. 이러한 노력으로 인해 신성함(그이름과 형태가 무엇이든 간에)과 우리의 정신·육체·영혼 간의 떼려야 뗄수 없는 관계가 밝혀지게 됐다. 따라서 이들 간의 상호작용은 단순하고 유동적이다. 이 분야의 독보적인 지식을 자랑하는 한 위대한 종교 지도자는 이를 간단하게 표현했다.

사원이나 복잡한 철학은 필요 없다.

우리 자신의 정신과 마음이 곧 우리의 사원이다. _달라이 라마(Dalai Lama)

모든 것이 우리가 특별하고 놀라운 경험의 기회를 누릴 수 있도록 준비되어 있다. 필요한 것은 오직 삶을 바꾸겠다는 의지와 두려움, 속박 그리고 부정적인 감정과 생각에서 영원히 벗어나겠다는 결심이다. 이제 우리는 불가능해 보였던 행복을 만끽할 수 있다. 이 모든 것은 신사상, 끌어당김의 법칙, 긍정적인 사고, 그리고 우리를 일깨우고 잠재의식의 힘을 이용하게 해주는 마음과 영혼의 자산이 있어 가능하다.

이제 간단하고 효과적으로 우리의 숨은 에너지를 이용할 수 있다.

우주의 위대한 법칙

"위에 있는 것이 곧 아래에 있는 것과 같다." 이것은 아주 오래전 현자들과 신비학의 대가들이 밝혀낸 우주의 주요 법칙 중 하나이다. 그들에게는 이 법칙이 완덕完德의 경지에 오르고, 마법의 힘을 얻고, 숨겨진 비밀을 알아낼 수 있는데 꼭 필요한 것이었다. '타불라 스마라그디나 Tabula Smaragdina', 다시 말해 에메랄드 판에 쓰여 있던 것처럼 중세의 연금술사들 또한 이것을 답습했다. 에메랄드 판은 언어와 신통력의 신이자 이집트의 토트Thoth 신인 헤르메스 트리스메기투스Hermes Trismegistus 를 찬양하는 암호로 된 서판이다.

에메랄드 태블릿 전문

이것은 분명하다. 오차도 없는 진리이자 매우 분명한 사실이다. 한 사물의 기적을 이루기 위해서는 위에 있는 것이 곧 아래에 있는 것과 같다. 모든 사물이 묵상을 통해 하나의 사물로부터 생성된 것처럼, 모든 사물은 개작改作을 통해 하나의 사물로부터 만들어진다. 태양은 아버지이며, 달은 어머니이다. 바람은 이것을 자궁에 옮겨주고 지구가 유모가 된다. 세상의 모든 사물의 아버지가 여기에 있다. 만일 이것이 지구로 돌아가게 되면, 그 힘은 완전해진다. 그것의 위대함과 재능으로 흙을 불로부터,

정교한 것을 거친 것에서 분리해 내라. 땅에서 하늘로 올라가라. 그리고 다시 땅으로 내려와 우등한 것과 열등한 것에게 힘을 행사하라. 그러면 너는 전 세계의 영광을 얻고 암흑천지에서도 불을 밝히게 되리라. 이것은 강력한 힘의 집합체이다. 왜냐하면 모든 미묘한 사물을 초월하며 단단한 물체면 무엇이든지 뚫고 지나갈 수 있기 때문이다. 이 세계는 이렇게 형성되었다. 그곳에서 이것의 결과인 경이로운 변화가 일어난다. 나는 헤르메스이다. 나는 세 배는 더 강하고 전 세계 철학을 이루는 세 부분을 가지고 있다. 이것으로 태양의 공적에 대해 내가 말해야만 했던 것을 모두 마쳤다.

우주의 위대한 법칙은 "하나는 전체이자 전체는 하나이다."라는 힌두교의 원칙과 결합하여 끌어당김의 법칙을 만들어 냈다. 끌어당김의 법칙에 따르면 모든 생각과 감정은 각 진동의 주파수를 맞추게 되면 그것과 비슷한 것을 끌어당긴다. 다시 말해 부정적인 생각을 하면 부정적인 일을 끌어당긴다는 것이다. 반대로, 긍정적인 생각을 하면 긍정적인 일을 끌어당기게 된다. 여기서 나온 한 가지 규범은 자신에게 부족한 것이나 걱정거리를 생각하면서 스스로를 옭아매지 말라는 것이다. 대신 자신이 이루고자 하는 것을 상상하는 데 집중하라.

인도의 고대 성서인 『베다Veda』에 따르면, 생각은 의식 상태에서 다양한 주파수의 진동을 만들어 낸다. 이 진동은 반향과 반사를 통해 퍼지게 된다. 이때 같은 주파수에서 진동하는 마음이 진동의 흐름을 포착하고 이는 연쇄작용으로 이어진다.

새 천년의 기회

'끌어당김의 법칙'의 원리를 설명하기 위해서는 8세기 인도의 카슈미르Kashmir 지방으로 거슬러 올라가야 한다. 당시 그곳에서는 산스크리트어로 '진동' 또는 '반향'을 뜻하는 스판다Spanda의 존재를 연구하는 시바파Shaivism라고 하는 철학 종교 사상이 대두됐다. 물론 이런 사상은 이미 힌두교의 다른 종파에도 있던 것이었지만, 시바파의 추종자들이 『스판다 카리카Spanda karika』라는 저서를 통해 처음으로 이런 생각의 메커니즘을 설명하였다. 이후 스판다 카리카는 9세기에 이르러 『우파니샤드Upanishad』로 알려진 성전 베다의 부분을 이루게 된다.

너는 네가 절실히 그리고 꾸준히 바라는 소망이다.

마치 네 소망이 네 의지인 것처럼. 네 의지가 네 노력인 것처럼.

네 노력이 네 운명인 것처럼. _힌두교의 『우파니샤드』

『우파니샤드』는 1,000년이 넘게 서구에서는 알려지지 않았다. 19세기 초에 이르러서야 프랑스의 앙크틸 듀 페롱Anquetil Du Perron에 의해 『우파니샤드』가 라틴어로 번역되면서 학자들의 관심을 불러일으켰다. 앞서 언급했듯이, 100년 후 윌리엄 워커 앳킨슨이 쓴 『생각의 진동 또는 생각의 세계 속 끌어당김의 법칙』이 20세기 정신주의의 진정한 교본이자 주춧돌이 되었다.

또 다시 100년이 흐르고 마침내 2006년, 호주의 론다 번이 끌어당김의 법칙의 이점을 활용하고 전파하는 24명의 전문가를 소개한 『시크릿』을 발표했다. DVD와 책으로 출판된 이 작품은 전 세계적으로 큰 반향을 일으켰다. 법칙은 『우파니샤드』에서 기술된 것과 같으며, 영원하고 불변하는 것이다. 다만 시간이 갈수록 시공간에서 발생하는 사건의 리듬에 따라 변하는 그 힘의 정도와 그것을 활용하는 방법만이 바뀌었을 뿐이다. 우리는 이 기회를 이용하여 삶을 변화시키고 자신이 가장 원하는 바를 이루어야 한다.

> 현재의 당신은 과거의 당신 모습이다.
> 미래의 당신은 지금 뭘 하느냐에 달려 있다. _붓다

가장 위대한 힘

지금까지 마음의 진동을 골자로 한 신념과 원칙에 대해 간단히 살펴보았다. 신사상 운동은 바로 여기에서 출발했다. 신사상 운동은 대부분 선험론과 비슷한 사조를 연구하던 여러 사람들을 주축으로 19세기 말 미국에서 이루어졌다. 피니아스 큄비Phineas Quimby가 맨 처음 '신사상'이라는 용어를 사용했다고 추정되나 랄프 왈도 에머슨Ralph Waldo Emerson, 호레이쇼 드레서Horatio Dresser, 메리 베이커 에디Mary Baker Eddy, 조셉 머피Joseph Murphy, 어니스트 홈즈Ernest Holmes 등도 이 분야의 선구자라 할 수 있다.

영혼은 진실하며 영원하다. 물질은 비현실적이며 일시적이다.

_메리 베이커 에디

우리는 생각하고, 느끼고, 소망하는 따뜻하고 생기 있는 존재이다. 나의 모습은 우리의 모습을 따르며 나는 우리가 바뀌어야 된다고 생각하지 않는다. 예수, 에머슨, 화이트맨과 같이 우리에게 영원히 심오한 영혼의 비전을 선사한 위대한 인물들은 강한 의지를 가진 존재로, 청렴하고 온화하며 유머감각까지 갖추고 있었다. _어니스트 홈즈이 멋진 말은 명석한 신학자이자 신사상의 주창자였던 어니스트 홈즈가 한 것이다. 홈즈는 가족적인 배경으로 크리스천 사이언스Christian Science 교회에 입회했고, 그곳에서 엠마 커티스 홉킨스Emma Curtis Hopkins의 제자가 되었다. 그녀의 지도와 더불어 신학 및 영적 학습을 통해 홈즈는 릴리저스 사이언스Religious Science 교회를 세웠다. 그곳에서 '마음의 과학'이라고 이름 붙인 자신의 철학을 설파했는데 이는 1938년 발표한 그의 첫 작품의 제목이기도 하다.

대가들의 스승

엠마 커티스 홉킨스는 고대 지혜의 원칙을 기초로 한 신사상을 만드는 과정에서 선구자 역할을 했던 위대한 여성이다. 신학자이자 여성의 권리 운동가였던 그녀는 크리스천 사이언스 교회에서 나와 시카고 기독교 신학대학교를 본거지로 한 그녀만의 종파를 만들고 수많은 여성 후학들을 배출했다. 그녀의 제자들은 엠마 커티스 홉킨스의 기조를 바탕으로 한 새로운 센터와 교회를 설립했다. 이러한 이유로 홉킨스는 지금까지 '대가들의 스승'으로 불린다.

어니스트 홈즈는 신사상의 비전 중 가장 단순하면서도 심오한 비전을 대표한다. 그에게 있어 신은 모든 곳, 모든 존재, 모든 사물의 정신

안에 있다. 인간에게 신의 영혼은 우리의 생각에 있으며 그것에 창조력을 불어넣는 것이다. 우리가 해야 할 일은 이 창조력이 원활해지도록 돕는 것이다.

우리는 자신이 되고 싶은 모습이 되어 스스로에 대해 생각해 볼 필요가 있다. 생각에 창조력을 불어넣는 것은 우리가 아닌 신이다. 단 한 번도 인간의 생각이란 없었다. 모든 생각은 신의 것이다. 그것이 인간의 조건에 의한 것일지라도. 우리는 다른 힘을 찾아다닐 필요가 없다. 이미 가장 위대한 힘을 가지고 있기에.

정리하자면, 홈즈의 주장은 신이 우리를 위해 생각해 주길 기다려서는 안 된다는 것이다. 그보다는 우리의 생각이 가진 신성한 영혼을 인정하고 완전과 충만을 향한 우리의 소망을 이루기 위해 그것을 활용해야 한다는 것이다. 이를 위해 홈즈는 우울과 절망에 휩싸이지 말고 인생을 즐겁게, 그리고 유머감각을 가지고 성찰할 것을 역설한다.

모든 부정적인 말은 잊고 소수의 긍정적인 말에 대해 생각해야 한다.

_어니스트 홈즈

신사상을 옹호하는 자들은 일반적으로 일원론, 즉 모든 공간과 모든 사물에 존재하는 우주의 성스러운 창조 에너지를 믿는다. 그들은 현실, 물질, 영혼의 모든 측면을 단일 물질로 보고 이것들이 우주의 창조 에너지에 속해 있다고 생각한다. 그들이 주장하는 것의 핵심은 생각이 세상에 대한 우리의 경험을 만들어 내면서 진화하고 발전한다는 것이다. 또한 신사상주의자들은 명상, 긍정적인 생각, 정신적이며 영적인 자긍심, 기도를 통한 구하기와 감사하기를 강조한다.

변화시키는 힘

> 우리가 옳은 방향으로 가고 있을 때 해야 할 일은
> 오직 계속 나아가는 것이다. _불교 격언

끌어당김의 법칙이 우리의 소망을 성취하고 행복을 얻기 위한 도구라는 점을 인정한다면, 이제 그 핵심이 생각에 있음을 알 것이다. 우리의 목표는 목적 달성을 위해 생각을 조정하여 활용하고, 걸림돌이 되는 생각들은 차단시키는 것이다. 말로는 쉬워 보이지만, 과연 우리 머릿속에 일어나는 것을 어떻게 정복할 수 있을까?

우리가 생각이라고 하는 것은 한 주제를 분석하거나 결정을 내리기

위해 만들어 내는 의식적인 고찰만을 말하는 것이 아니다. 마음 또한
생각, 감정, 환상, 망상, 이미지, 기타 우리의 의지와는 동떨어져 보이는
여러 순간적인 진동을 가지고 있다. 우리는 이런 것들이 나타나는 것을
막거나 나타났을 때 거부할 수 있을까? 우리가 더 수월하게 목표를 달
성하려면 어떻게 우리의 의식적인 고찰을 조정해야 할까? 이 책을 넘기
다 보면 그 해답을 얻게 될 것이다.

이제 당신의 운명을 완전히 바꾸게 될 길을 걷기 시작할 순간이 왔
다. 바로 새로운 모습이 될 수 있게 해줄 조언과 실질적인 방법을 통해
서 말이다. 믿음을 가지고 꾸준히 우리의 조언을 따른다면, 우주의 강
력한 진동을 끌어당기기 위해 당신의 마음속에 있는 잠재 에너지를 이
용하여 당신의 바람, 희망, 욕구가 모두 실현되는 것을 보게 될 것이다.

더 기다리지 마라. 지금 당장 인생을 바꿀 준비를 시작하라.

우리는 현존하는 최고의 영적 지도자들의 구체적이고 간단명료한 조
언들을 발췌하여 소개하고자 한다. 영적 지도자들이란 새 천년의 초반
부인 지금, 긍정적인 사고가 지닌 변화시키는 힘과 관련된 모든 지혜에
대한 비전을 실천하며 활동하고 있는 대가들을 말한다.

당신은 현시대에서 활동 중인 최고의 영적 지도자를 곁에 두고 있다.

우리가 소개하는 조언들은 모두에게 열려 있다. 누구나 그 속에서 자신에게 최상의 결과를 가져다줄 수 있거나 자신의 성격과 목표에 가장 가까운 훈련법을 택하여 시험해 볼 수 있다. 그로써 자신에 대한 확신을 가지고 완전히 자립적이고 자유롭게 적절한 방법을 찾게 될 것이다. 자립심과 자유는 그 자체로 완전하고 조화로운 삶을 영위하기 위한 두 가지 기본 자질이다.

Mundus sensibilis.

Terra

Aqua
Aer grofius
Aer tenuis
Lux seu Ignis

Visus

Odoratus
Gustus.

Tactus.

시작하라,
위대한 법칙은 당신의 꿈을 그리는 도구다

아무도 이미 당신 지식의 여명 속에서 잠든 것을
알려주지 않는다. _칼릴 지브란(Khalil Gibran)

인간은 살아가는 동안 마음의 힘을 얼마만큼이나 활용할까? 정답은 10퍼센트다. 90퍼센트에 달하는 나머지 에너지는 쓸데없는 일이나 부정적인 생각을 하는 데 소비되거나 대개 수면 상태에 놓여 있다. 그런데 이렇듯 사용되지 않은 에너지에는 엄청난 잠재력이 숨어 있다. 이를 이용하면 당신이 삶에서 바라는 일을 부르는 활력을 얻을 수 있다.

당신은 자신이 가지고 있는 진정한 정신력을 모른다는 사실을 인정하고 그것을 찾아내야 한다. 이렇게 할 때야 비로소 마음의 힘을 정복하고 그것을 통해 놀랍고 멋진 일들을 만들어 낼 수 있을 것이다. 이루어지길 늘 꿈꿔왔지만 당신 스스로 막아 버렸던 일들 말이다.

페르시아의 유명한 시인은 "모든 인간은 뛰어난(그러나 수면 상태에 있는) 정신력을 갖고 이 세상에 태어난다."라고 말했다. 맞는 말이다. 누군가가 당신을 위해 그것을 깨워 줘야 한다.

이제부터 우리가 바로 그 '누군가'가 되어 마음의 힘을 깨울 수 있는 과정을 설명해 줄 것이다.

자신의 위치를 점검하라

오늘날 가장 성공한 작가로 꼽히는 베라 파이퍼Vera Peiffer는 긍정적인 생각과 마음의 에너지에 대해 역설하며 '자기 체크 프로그램'을 고안했다. 이 프로그램을 실천한다면 생각의 힘을 이용해 당신의 삶을 개선하거나 변화시켜야 할 순간에 큰 도움이 될 것이다. 또한 이것은 당신이 진실로 무엇을 바꾸고자 하는지 알게 해주는 일종의 전반적인 연구라 할 수 있다. 파이퍼는 이를 이렇게 설명한다.

삶을 긍정적으로 변화시키려면 이론적인 지식 이상의 것이 필요하다. 이론을 실천에 옮겨야 한다. 이것은 자신의 행복에 대한 책임을 지고 삶에서 일어날 수 있는 불행한 일에 대해 그 책임을 남에게 전가하지 않는다는 것을 의미한다.

이외에도 파이퍼는 그러한 변화가 가져다줄 놀라운 가능성에 대해 역설한다.

장기적으로 봤을 때, 당신의 행동에 대한 책임을 인정하는 것은 성공적인 전략이다. 당신을 승자로 만들어 줄 새로운 가능성으로의 문을 열어놓는 것과 마찬가지이기 때문이다. 여기서 승리란 건강, 금전, 행복, 자아실현 등의 다양한 분야를 일컫는다.

충분한 정신 훈련이 되어 있다면,

이루지 못할 것이란 없다. _베라 파이퍼

이제부터 이 훌륭한 치료가이자 저술가가 제안하는 프로그램을 소개하겠다. 최대한 간단명료하게 설명하기 위해 일부만 발췌했음을 밝혀둔다. 파이퍼 박사가 제시한 대로 집중해서 읽고 실행에 옮겨 보자.

베라 파이퍼의 '자기 체크 프로그램'

- 자신의 행동과 감정 등 스스로에 대한 책임을 적극적으로 실행하자. 행동이나 감정은 당신의 것이므로 그것을 조정할 수 있는 사람 또한 당신뿐이다. 외부 조건에 의해 무언가 바뀌리라 기대하지 말자. 그런 일은 결코 없을 테니까 말이다.
- 현재 상황을 점검하라. 건강, 재정 상태, 일, 애정 관계, 자긍심 등 세세한 부분까지 꼼꼼히 체크해 보자. 가장 개선해야 할 부분은 무엇인가?
- 우선순위를 정하여 가장 변화시키고 싶은 것들을 목록으로 만들자. 정신력이 분산되지 않도록 하나하나씩 나열해 가자.

- 목록의 첫 번째에 있는 문제를 고민해 보자. 과연 어떤 문제가 있는 것일까? 그런 상황에 처했을 때 당신의 태도는 어떠한지, 또 그 상황과 관련된 외적 요인은 무엇인지 분석하라. 외적 요인을 바꾸기 위해 당신이 할 수 있는 일은 그리 많지 않다는 것을 깨닫게 될 것이다. 그렇다면 문제는 바로 당신의 태도이다.

- 분명한 목표를 설정하자. 이를테면, "직장에서 운이 따라야 할 텐데."보다는 "나도 승진할 능력이 된다는 걸 보여 주겠어."가 낫다. 목표는 실현 가능한 것이어야 한다. "부장이 되면 좋겠다."보다는 "올해는 먼저 팀장이 되자."가 더 적합한 목표다. 더 낮은 목표이므로 달성하기가 훨씬 수월하다.

- 기본적인 일을 의식적으로 행하자. 마음을 통제함으로써 많은 가능성을 가지게 된다. 그러나 노력하지 않는다면 기적은 일어나지 않는다. 노력은 구체적으로 해야 한다. 이를테면 건강이나 자신의 이미지를 관리하고, 업무에 충실하거나, 소득을 잘 관리하고, 또는 사랑하는 사람들을 챙기는 것이다. 다만 잠재의식이 당신이 이루길 바라는 소망이나 야심과 다른 방향으로 가지 않도록 주의하자.

- "못하겠어."라는 말을 머릿속에서 지워 버리자. 그런 말은 스스로에게 한계만 그어놓게 된다. 진심으로 무언가를 원한다면 당신은 그것을 이룰 수 있다. 원하는 것을 이루는 사람은 자신이 할 수 있다고 믿는다는 사실을 기억하자.

- 되도록 부정문을 사용하지 말자. 이를테면 "나는 겁나지 않아."라는 식의 말 대신 "나는 지금 마음이 편해."라고 하자. 첫 번째 표현의 경우, 잠재의식으로 하여금 실제로 두려움이 있어 겁을 내게 될 것이라는 점을 상기시키게 된다. 반대로 두 번째 표현은 스스로에게 자신감을 불러일으킨다.
- 목표를 달성한 자신의 모습을 상상하자. 원하는 것이 이루어진 순간의 모습을 자주 형상화하자. 상상하는 것을 이룰 수 있다고 스스로에게 다짐하자. 마음속에 승리한 새로운 자신의 모습을 가득 채우면 언젠가 그 모습이 될 것이다.
- 변명거리는 그만 찾고 '지금' 시작하자.

심호흡을 연습하라

호흡의 가장 중요한 이점은 몸과 마음을 소통시켜 주는 역할을 한다는 것이다. 우리의 기관이 산화를 하는 것은 우리를 살아 있게 해줄 뿐만 아니라 우리 존재의 가장 심오한 곳으로의 길을 열어 주기도 한다. 호흡 에너지는 완전한 내적 의식의 차원에 도달했을 때 우리가 마음의 진동을 인식하도록 도와준다. 동시에 모든 면에서 우리의 존재를 강화시키고 조화롭게 만든다.

호흡과 마음의 상태 사이에는 직접적인 관계가 있다. 사람이 조급함을 느끼거나 놀랐을 때에는 특별한 신체적 노력 없이도 호흡이 가빠지고 얕아지며 불규칙적으로 변한다. 다시 말해 마음이 흔들릴 때 호흡도 흔들리게 된다. 반대로 마음이 고요하고 동요가 없을 때에는 호흡은 규칙적이고 느리며 편안하다.

따라서 우리는 마음이 호흡에 영향을 미치고, 호흡 또한 마음에 영향을 미친다는 사실을 쉽게 추정해 볼 수 있다. 호흡을 조절하는 것은 마음을 조절하기 위해 반드시 필요한 관문이다. 또한 이 관문은 긍정적인 생각, 좋은 진동, 소망 성취를 위한 길을 열어 준다.

첫 단계는 호흡의 강도와 리듬을 바꾸는 것이다.

다음은 자연 치료사이자 영적 치료사인 피터 라그너Peter Ragnar가 설명하는 심호흡의 과정이다.

공기가 뇌를 통해 후각신경의 마지막 부분인 비강 깊숙이 들어오면, 첫 번째 뇌신경이 자극되면서 생생한 마음의 영상을 만들게 된다. 심호흡을 규칙적으로 연습하면 우리의 의식을 이해하는 데 방해가 되는 요인들을 제거할 수 있다.

라그녀는 우리가 호흡을 할 때 우리의 감각이 느끼지 못하는 정보의 진동을 끌어당긴다고 주장한다. 비감각적 정보를 받으면 반응하는 곤충 더듬이나 꼬리, 털 또는 몇몇 동물의 깃털 등이 그 예이다. 그렇다면 우리의 안테나는 어디에 있는 것일까? 이와 관련된 라그녀의 이론은 다음과 같다.

코 점막에 촘촘하게 나 있는 코털이 전자파를 끌어당기는 가느다란 안테나라고 가정해 보자. 우리는 정보가 송신탑과 위성으로부터 파장을 주고받으며 전 세계로 흘러다닌다는 사실을 알고 있다. 우리도 신체의 안테나를 이용해 정보를 포착하여 그것을 우리의 뇌로 보낼 수 있을까? 동물, 조류, 곤충들도 계속 해오던 일인데 우리라고 못할 이유가 뭐 있으랴.

모든 정보는 진동이다. 뇌가 그것을 우리 머릿속에서
영상으로 처리할 때까지. _피터 라그녀

이 말의 뜻을 살펴보면, 심호흡은 우리의 마음과 연결이 될 때 두 가지 핵심 기능을 수행하게 된다. 첫째, 촉진제가 되어 형상이나 생각을 만들고 의식적으로 이를 조정하도록 돕는다. 둘째, 감각적인 정보 이외에 외부 세계에서 들어오는 정보를 제공한다. 외부 세계라고 함은, 우주 차원에서 발생하는 진동까지 포함하는 개념이다.

심호흡은 마음을 당신의 가장 깊숙한 존재와 우주로 연결한다.

이제 심호흡을 연습하기 위해 다시 베라 파이퍼 박사의 조언을 떠올려 보자. 간단하고 실질적인 방법이다. 이것은 초심자들에게 매우 편리한 연습법이다. 또한 힘들이지 않고 심호흡을 하면서 짧은 시간 내에 몸을 이완할 수 있게 해준다. 이제 파이퍼 박사가 그녀의 저서 『긍정적인 생각』에서 기술한 방법을 소개하겠다.

- 편안한 자세를 취한다. 앉거나 누워 있어도 된다.
- 팔짱을 끼거나 다리를 꼬아서는 안 된다. 몸을 긴장시킬 수 있기 때문이다.
- 배꼽 바로 위에 한 손을 갖다 댄다.
- 주로 긴장을 느끼는 부위가 어디인지 확인한 뒤 의식적으로 긴장을 풀어 준다. 입은 다문 채 턱관절을 풀어 준다. 어깨의 힘은 뺀다. 양손을 펼치고 손가락을 편하게 뻗는다.
- 두 눈을 감은 뒤 신체 각 부위의 위치를 머릿속에 떠올려 본다. 머리를 시작으로 하여 점차 팔, 몸통, 다리 순으로 말이다.

- 평소에 하던 대로 호흡을 한다. 열 번 숨을 들이마시는 동안 호흡의 소리를 들어 본다.

- 심호흡을 시작한다. 먼저 배를 부풀려서 숨을 들이마시고 그 다음 폐를 부풀려 호흡한다. 배꼽 위에 대고 있는 손이 들리는지 확인한 뒤 흉곽을 부풀려 호흡한다.

- 이런 방식으로 심호흡을 10회 실행한다. 다섯까지 세는 동안 숨을 멈춘다. 그런 뒤 숨을 내쉰다.

- 호흡이 자연스럽게 돌아오도록 둔다.

- 근육을 부드럽게 조인 뒤 다시 풀어 줄 때 눈을 뜬다.

데니스 루이스Dennis Lewis는 심호흡의 대가 중 하나이다. 그는 심호흡을 '진정한 호흡' 또는 '자연 호흡'이라 부른다. 이러한 이름을 붙인 이유는 만일 심호흡이 방해받을 경우 배가 납작해지고 어깨가 움츠러든다는 사실을 발견했기 때문이다. 이러한 증상은 심호흡을 위해 해야 할 일과 정반대의 것이다. 루이스는 자신의 저서를 통해 호흡을 정복하는 것이 우리의 본질과 선험적 명상의 물리적 실체를 깨닫는 가장 중요한 요소임을 강조한다.

완전호흡은 우리를 삶의 에너지로 채워 준다. 다시 말해 영감을 받도록 도와준다. 숨을 내쉴 때는 스스로를 비우고, 미지의 것에 마음을 열고, 무언가 막을 내리고 새로운 길이 시작되는 느낌을 가지게 된다. 호흡을 하는 동안 나타나는 리듬 변화에 집중하라. 그것이 우리 내면의 힘, 즉 완전함의 에너지를 깨우는 시작이다.

심호흡은 신체적 건강과 정신 발달의 밑거름이다. _데니스 루이스

루이스는 우리가 호흡을 통해 얻을 수 있는 엄청난 이점들을 열심히 수행하고 전파해 왔다. 동양 철학에 대한 조예가 깊었던 터라, 그는 호흡이라는 행위 자체가 일상생활에서 오는 일종의 기적이라는 사실을 이해할 수 있었다. 바로 호흡이 완벽의 경지에 오르게 하는 수많은 가능성을 제공한다는 것이다. 그의 말을 들어보자.

호흡법을 정복하는 것은 수천 년 동안 명상, 즉 우리 자신의 본질을 들여다보는 일과에서 필수적인 부분을 차지해 왔다. 우리는 호흡으로 인해, 특히 호흡이 완전하고 평온할 때, 우리의 마음을 신비로운 사원, 다시 말해 신체의 가장 깊은 곳으로 끌어당길 수 있다.

데이스 루이스의 자연호흡 연습법

이 호흡법은 매우 간단하면서도 효과적이다. 하루에 15분만 투자하면 몇 주 뒤에 몸뿐만 아니라 마음도 한결 나아진 것을 느끼게 될 것이다.

- 바닥이나 의자에 앉는다. 허리를 곧추 세우고 가부좌로 연꽃 자세를 잡는다. 이 자세가 불편하다면 그냥 발을 바닥에 댄 상태에서 다리를 직각으로 접으면 된다. 바닥에 앉은 경우, 두 다리를 살짝 벌려 자연스럽게 앞으로 쭉 뻗는다. 허리는 항상 똑바로 펴야 한다.

- 두 손을 무릎에 올려놓는다. 손은 깍지를 껴도 된다. 손바닥은 아래로 향하게 한다. 우주에 지탱하고 있는 몸의 무게를 느껴 보자. 신체의 각 부위와 주요 기능을 완전히 이해하는 기분을 느껴 보자.

- 들숨과 날숨을 하면서 마음속으로 자신의 호흡을 따라가기 시작한다. 호흡의 리듬을 의식하면 완전한 호흡을 할 수 있다. 숨을 들이마실 때 코, 비강, 목구멍, 장기, 폐를 순서대로 관통하는 공기의 온도와 진동을 느껴 보자. 내쉴 때는 반대 경로를 통해 외부로 나가는 공기의 흐름을 따라가자. 억지로 호흡을 만들거나 바꾸려 하지 말고, 5분 동안만이라도 자연스럽게 호흡이 지속될 수 있게 하자.

- 계속 호흡의 흐름을 의식하면서 양손을 여러 차례 비벼 따뜻하게 만든다. 그런 뒤 배꼽 위에 손을 올리고 배 안쪽을 느껴 보자. 손의 온기와 에너지

가 어떻게 호흡에 영향을 주는지 느껴 보자. 숨을 마실 때는 배가 팽창한다. 숨을 내쉬면 다시 납작해진다.

- 호흡의 움직임에 더 집중할수록 배꼽 아래 3~6센티미터 부근의 복부 깊숙이 에너지가 모아지는 것을 느끼게 될 것이다. 숨을 들이쉴 때 이 에너지가 배 전체와 가슴을 가득 메우는 기분이 들 것이다. 내쉴 땐, 에너지가 모여 더 밀집된 에너지를 형성하게 된다.

- 몇 분 동안 내부에서 에너지가 만들어지는 기분을 즐겨 보자. 멈추려면 몇 분 더 복부와 척추의 세포에서 에너지가 흡수되는 것을 느껴 보자. 그런 뒤 호흡하며 앉아 있는 자신의 모습을 재현하는 데 마음을 기울인다.

- 연습이 끝나면 몸이 이완되면서 마음이 고요해지고 열리는 것을 느낄 수 있을 것이다. 이제야 비로소 진실로 '호흡하는 존재'가 된 것이다.

하루에 15분만 자연호흡을 하면 당신은 새로운 에너지로 채워질 것이다.

앞서 봤듯이 심호흡은 요가의 기본 중 하나이다. 심호흡의 목적은 개인을 전체와 하나로 만드는 것이다. 그러기 위해서 요가는 몸, 마음, 정신에 전반적으로 작용하여 완전에 도달하고자 한다. 체위, 명상 기법, 호흡법을 기반으로 하고 있는 요가의 수행은 이미 5,000년 이상의 역사를 지니고 있다.

> 숨을 들이쉬어라. 그러면 신이 당신에게 가까워질 것이니.
>
> 그 상태를 유지하라. 그러면 신이 당신과 함께할 것이니.
>
> 숨을 내쉬어라. 그러면 당신이 신에게 가까워질 것이니.
>
> 그 상태를 유지하라. 그러면 신에게 헌신하게 될 테니.
>
> _크리슈나마차리야(Krishnamacharya)

하타요가Hata Yoga는 특히 서양에서 가장 많이 알려지고 전파된 요가의 수행법 중 하나이다. '프라나야마Pranayama'라고 하는 하타요가의 호흡법은 복식호흡, 흉식호흡, 쇄골호흡의 세 단계로 이루어져 있다.

프라나야마 호흡법

이 호흡법을 연습하려면 자세를 편하게 하여 긴장을 푸는 것이 가장 좋다. 침대에서 하거나 바닥에 매트를 깔아도 좋다. 두 눈은 감는다. 경험이 쌓이다 보면 상황이나 장소에 구애받지 않고 연습할 수 있을 것이다.

1. 복식호흡

- 들숨 : 천천히 공기를 모아 먼저 배로 가져간다. 공기의 압력으로 횡격막이 내려가 배가 나오게 되는 것을 느낄 것이다.

- 첫 날숨 : 여러 번 깊게 숨을 내쉰다. 천천히 길게 내쉬되 몸 안에서 모든 공기를 배출한다는 느낌으로 한다.

- 깊은 날숨 : 여러 차례 연습하고 나면 더 깊게 숨을 들이쉴 수 있다. 또한 호흡이 배에 집중되는 기분을 느낄 것이다. 그러면 숨을 내쉴 때 큰 목소리로 '옴OM' 성음Mantra을 소리 내라. 모음 'ㅗ'로 시작하여 자음 'ㅁ'을 길게 소리 내어 끝낸다. 날숨을 더 천천히 길게 하는 데 도움이 될 것이다. 동시에 흉부와 복부가 이완될 것이다.

2. 흉식호흡

- 준비단계 : 이 호흡법은 편안히 앉아 하는 것이 좋다. 폐를 비우고 복부를 수축시키기 위해서이다.

- 들숨 : 배가 들어간 상태에서 천천히 숨을 들이쉰다. 공기가 폐를 가득 메우고 늑골이 팽창하는 것을 느낄 것이다. 이 호흡법은 복식호흡보다 더 많은 힘이 필요하다.

- 날숨 : 천천히 길게 공기를 밖으로 내보낸다. 늑골에서 폐의 순서로 공기가 빠져나가는 것을 느낄 것이다. 횡격막을 천천히 수축시켜 복부에 남은 공

기를 모두 배출시킨다.

3. 쇄골호흡

- 준비단계 : 편안히 앉는다. 두 손으로 배 근육과 흉부를 누르며 최대한 수축시킨다.

- 들숨 : 쇄골을 올리고 어깨는 뒤로 젖힌다. 몸통의 긴장을 유지한 채 가능한 한 모든 공기를 천천히 들이쉰다. 아무것도 아닌 것 같지만 이 자세에서 완전한 호흡에 도달한 느낌이 들 것이다.

- 날숨 : 천천히 공기를 내보낸다. 몸통 근육의 긴장을 풀고 배에 남은 공기를 배출한다.

4. 완전호흡

이것은 앞서 언급한 세 단계의 호흡법을 혼합한 것이다. 완전호흡의 목적은 몸의 기관들을 정화시키고 강화하여 마음의 에너지를 자극하는 것이다.

- 깊은 날숨 : 배와 가슴을 순서대로 누르면서 폐 안에 있는 공기를 완전히 내보낸다.

- 연속 들숨 : 천천히 공기를 모은다. 동시에 횡격막을 이완시켜 먼저 복부를 팽창시킨다. 이제 가슴을 팽창시켜 늑골 부위를 공기로 채운다. 끝으로

쇄골을 올려 상체를 더 팽창시킨다. 그런 뒤 잠시 공기의 흐름을 멈추었다 공기가 반대 방향으로 천천히 나오도록 한다.

깊게 완전호흡을 함으로써 몸과 마음을 이완시킨다.

호흡과 건강

심호흡의 직접적인 효능은 우리 몸의 건강을 유지시켜 준다는 것이다. 횡격막은 흉부 아래쪽 주변과 연결되어 있으며 척추로 이어지는 신체 부위이다. 심호흡으로 숨을 들이쉴 때 횡격막이 내려가는데 이때 간, 위장 그리고 다른 복부 기관 및 조직의 긴장이 완화된다.

동시에 복부와 흉부를 팽창하고 수축시키는 동작은 신체의 내부기관을 이완시키고 독소를 배출하는 데 도움이 된다. 또한 혈액순환과 장운동을 원활히 해주고 림프계의 림프액 활동을 촉진시킨다.

긴장을 완화하려면

심층호흡을 올바르게 하라. _바이런 넬슨(Byron Nelson)

집중력을 훈련하라

마음의 에너지를 정복하기 위해 반드시 필요한 도구는 바로 집중력이다. 여러 정신주의 분야의 대가와 연구자들은 모두 사고를 조정하는 이 방법에 많은 시간을 할애했다. 그들은 끌어당김의 법칙을 실천하기 위해 집중력을 탐구하고 몸소 체험했다.

긍정적인 생각과 관련된 참고서와 신경학 및 정신학을 다룬 의학연구를 살펴보면, 사람들이 대부분 현저히 낮은 수준의 집중력을 사용한다는 사실을 알 수 있다. 따라서 당신이 가진 집중력은 사실 평소에 사용하는 것보다 더 큰 것일 수 있다. 그러므로 집중력 기술을 배우고 실천해야 한다. 이를 통해 자신이 가진 마음의 에너지를 표출할 수 있기 때문이다. "한 사람의 집중력은 그의 그릇이 얼마인지 알 수 있는 척도이다."

집중하는 법을 배워라. 이는 마음을 정복할 수 있는 중요한 첫걸음이다.

"집중하는 것은 우리의 정신력을 흔들림 없이 단 하나의 사물에 모으는 것이다." 심리학자인 왈도 비에이라Waldo Vieira의 이 정의는 집중력의 의미를 간단명료하게 정리하고 있다. 그가 '단 하나의 사물'이라고 하는 것은 물질적인 것뿐만 아니라 가상의 사물, 이미지, 생각 또는 나중에 살펴보게 될 우리 욕구의 영상화 등을 모두 아우른다. 이와 관련하여 비에이라는 이렇게 말한다.

> 의식을 투영하고자 하는 자는 사실 자신의 욕구와 결단력 이외에는 아무것도 필요 없다. 결단력은 의식 속에서 일어나는 지능적 행위로부터 다른 것으로 대체될 수 없는, 반드시 필요한 것이다.

아마 마음의 영상에 집중하고 그 상태를 확고히 유지하는 것이 쉬울 것이라 생각할지도 모르겠다. 또 어쩌면 이미 여러 번 경험해 본 일이라 생각할 것이다. 이를테면 사랑하는 사람의 얼굴이나 가보고 싶은 곳을 머릿속에 떠올려보는 식으로 말이다. 그러나 이러한 경험은 진정한 정신 집중의 정복에 비하면 부분적이며 불완전하다. 그러한 경험을 5분 동안 유지하고 반복해 보자. 연상되는 다른 영상들은 모조리 제외시킨다. 정신을 흩트러서도, 중간에 멈춰서도 안 된다. 그러면 집중하는 것이 얼마나 어려운지 알게 될 것이다. 아마 제대로 집중하지 못했을 가능성이 크다.

그 이유는 보통 우리의 마음은 이런저런 생각을 하며 떠돌아다녀도

지칠 줄 모르기 때문이다. 또한 한꺼번에 여러 가지 생각을 하기도 한다. 주의력은 늘 새로운 관심거리에 끌려가게 되어 있고 그 중 아무것이나 선택하게 되는 것이다. 쉽게 집중을 한다고 하는 사람들은 실은 그들을 뒤덮고 있는 생각의 흐름에 자신을 내맡긴 채 그 외의 다른 것을 생각하지 못하는 것뿐이다. 특히 일상적인 일을 하거나 관심 없는 대화에 참여할 때 그러하다. 이것은 정신적 집중이 아닌 단순히 꿈을 꾸는 것과 같다. 다시 말해 이러한 경험을 하는 것은 깨어 있는 상태에서 꿈을 꾸는 것과 마찬가지이다. 마음의 진동을 조정하여 긍정적인 생각을 이끌어내려는 특별한 노력 없이 말이다.

집중하는 것은 깨어 있는 상태에서 꿈을 꾸는 것이 아니라 우리의 생각을 한 곳으로 모으는 것이다.

집중의 기본 요소는 주의력이다. 주의력은 자신의 의지에 달려 있다. 다시 말해 일상생활에서도 이런 정신적 능력을 활용하겠다는 결심이 필요한 것이다. 사실 당신은 주의력을 요하는 여러 상황에서 그것을 이용하고 있다. 예를 들면 공부를 하거나 중요한 기사를 볼 때, 또는 추리물 영화나 TV시리즈를 시청하거나 어려운 작업을 수행할 때 말이다. 복잡한 취미에 몰두하거나 신호등이 없는 길을 건널 때처럼 한눈을 팔면

안 되는 상황에서도 마찬가지이다.

그런 경우 거의 무의식적으로 순간 집중하게 된다. 정신이 그런 식으로 반응하게끔 준비되어 있고 경험상 훈련되어 있기 때문이다. 아직 이런 경험이 없고 성인 수준의 정신적 능력이 없는 아이들은 쉽게 산만해지고 오래 집중하지 못하는 경향이 있다. 그러나 이러한 자연적인 주의력은 말하자면 깊은 집중을 하기에 충분하지 않다. 동양과 서양의 정신주의 연구자들은 집중력을 실천하기에 앞서 주의력을 높이는 훈련을 할 것을 권한다. 몇 가지 예를 살펴보자.

주의력 훈련

- **길거리에서** 골목에서 멈춰 선 뒤 반대편 도로의 건물들을 바라본다. 그 중 하나를 골라 건물의 입구부터 꼭대기까지 천천히 관찰한다. 아래층에 상점은 없는지 주의 깊게 본다. 층, 창문, 발코니 수를 세보고 장식이 들어간 부분(격자, 화분, 꽃, 생활용품 등)도 유심히 본다. 건축적인 디테일이나 건물 외관의 조형, 문의 모양과 크기 등을 세밀히 관찰한다. 그런 뒤 눈을 감고 마음속으로 건물을 그려 본다.

- **음악을 들으면서** 공연장에서 직접 듣든지 아니면 녹음된 것이나 라디오도 좋다. 음악의 장르도 관계없다. 중요한 것은 연주자가 여럿이어야 하고 최소 5~7분 길이의 음악이어야 한다. 연주되는 악기 중 하나를 골라 음악이

흐르는 동안 그 악기 소리에 완전히 귀를 기울인다. 예컨대 재즈곡의 베이스, 교향곡의 첼로, 또는 록음악 연주의 드럼 소리에 집중한다. 이런 연습은 집중력과 영상화가 필요할 때 중요한 역할을 하는 청각 주의력을 높이는 데 도움이 된다.

- **경기를 보며** 팀으로 진행되는 운동 경기(축구, 농구, 하키, 배구 등)라면 뭐든지 좋다. 전체적인 경기 진행에 큰 관심은 없어도 된다. 한 선수에게만 집중하는 것이 당신이 해야 할 일이기 때문이다. 한 사람을 지목하여 꾸준히 관찰한다. 그 선수가 경기에 참여하거나 그렇지 않더라도 계속 주의 깊게 본다. 가만히 있을 때도 마찬가지이다. 그의 기량을 평가하려 하지 말고, 한순간도 그에게서 시선을 떼지 않도록 주의한다. 약 10~15분 동안 이 훈련을 유지한다. 연습이 반복될수록 점차 그 시간을 늘린다.

이것은 정신주의 학교와 센터에서 추천하는 연습법 중 일례일 뿐이다. 따라서 자신의 상황과 생활방식에 맞는 다른 연습법을 이용할 수도 있다. 단, 쉬운 연습법으로 하루에 두세 차례 언제든지 실천할 수 있는 것이어야 한다.

재능은 집중력 없이는 아무런 의미가 없다. _엘베시우스(Helvetius)

기회를 활용하라

잘 훈련된 정신주의자는 놀라울 정도로 한 주제나 사물에 집중할 수 있다. 마치 그 생각에 완전히 흡수되어 세상의 다른 것들과는 멀어져 있는 것처럼. 그러나 일단 목적을 달성했거나 정해진 시간이 지나고 나면, 완전히 상쾌한 기분으로 그 대상에서 마음을 떼어 내고 다른 일을 할 준비가 됐다는 것을 느끼게 된다.

바로 이런 것이다. 당신의 경우도 마찬가지이다. 만일 주의력, 집중력, 영상화 연습이 활동이나 인간관계에 방해가 된다고 생각된다면, 그것은 훈련이 잘못되었거나 불완전했기 때문이다. 반대로 해야 할 연습을 제대로 한다면, 당신은 마음과 긍정적인 진동을 정복하고 삶 전반에서 놀라운 변화를 경험하게 될 것이다.

당신은 일상생활에서 집중력을 연습할 수 있다.

언젠가 이 훈련을 진지하게 실천해야겠다고 느끼는 순간이 올 것이다. 어찌 됐건 서두르지 않는 것이 좋다. 조급함은 불안감의 증상일 뿐만 아니라 실수를 저지르고 난 후 이미 지나온 길을 되돌아가게 만드는 결과를 초래한다. 따라서 확신이 들었을 때 이 정도 수준의 연습을 시작하는 것이 가장 좋다. 물론 장애물에 부딪칠 수도 있겠지만, 그렇다고 세상이 끝나는 것은 아니다.

영상화 분야의 저명한 전문가 피터 쿠머Peter Kummer는 연습과 실천의 중요성을 역설한다. 단, 초기에는 실패할 수도 있음을 인정한다. 그는 이를 다음과 같이 비유한다.

수영을 배울 때 몇 번씩 물을 먹게 되는 것처럼, 긍정적인 생각을 연습할 때도 몇 번의 실수를 저지를 수 있다는 점을 감안해야 한다. 그러나 인생의 모든 일이 그러하듯, 이런 '방해물'은 우리가 배워 나가는 과정의 일부이며 시간이 갈수록 경험을 쌓는 데 도움이 될 것이다.

쿠머는 풍부하고 성공적이었던 자신의 경험으로부터 어떤 결론을 도출했다. 이것은 왜 우리가 긍정적인 생각에 시간과 노력을 투자해야 하는지 잘 설명해 준다.

정신 발전을 위한 법칙과 메커니즘은 실제로 존재한다. 이것은 우리가 삶에서 쉽게 건강, 행운, 성공, 사랑, 조화, 경제적 여유를 달성하는 데 유용하다. 당신도 이 모든 것을 얻을 수 있다. 그리고 그것이 영원히 지속되도록 할 수 있다.

무언가를 제대로 배우려면

그것을 실천하는 방법밖에 없다. _피터 쿠머

깊은 집중을 위한 연습을 처음 시작하는 데 도움이 될 만한 두 가지 프로그램을 선정해 봤다. 모두 실천하기 쉽고 그 효과도 입증된 것으로 긍정적인 생각과 깊은 명상 센터에서 가장 많이 시행하는 연습법이기도 하다. 두 프로그램 중 하나를 선택해서 연습하거나 두 가지를 번갈아가며 해도 된다. 알다시피 우리의 바람은 당신에게 최대한의 선택권을 주어 자신의 성격과 의지를 통해 스스로 삶을 바꾸는 것이다.

이제 숫자와 사물의 영상화를 바탕으로 한 첫 번째 프로그램을 소개하겠다.

숫자를 통한 집중력 연습

- 편하게 앉아 눈을 감고 숫자 '1'을 영상화해 본다. 숫자가 뚜렷이 보이면 마음속으로 '1'이라고 외친다. '1'을 지우고 이제 숫자 '2'를 영상화하는 단계로 넘어간다. 이제 마음속으로 '2'를 외친다. 이 훈련이 숙달될 때까지 다음 숫자들로 계속 연습한다.

- 앞에 보이는 벽의 한 지점을 선택한다. 그것에 집중하고 마음을 완전히 비운 뒤 오로지 호흡에만 신경을 쓴다. 날숨 하나하나를 세어 가며 최대한

오래 이 연습을 지속한다.

- 다시 눈을 감는다. 마음속에 있는 모든 생각을 지우고 날숨을 세는 이전 연습을 반복한다. 이때 정상적인 리듬으로 흡식호흡을 한다.

- 작은 물체(동전, 연필, 사탕 등)를 당신 앞에 둔다. 몸의 근육 하나하나를 이완시키며 그것에 집중한다. 주의를 흩트리지 않도록 유의하면서 사물의 모양, 색, 크기, 구성물 등을 관찰한다. 이제 눈을 감고 그 물체를 마음에 그려본다. 당신이 관찰한 모든 것을 머릿속에 재생시킨다.

이 연습법에서 가장 중요한 것은 마음을 깨끗이 비우는 것이다. 만일 주의가 분산되기 시작하면 연습을 멈추고 심호흡을 한 뒤 다시 시작한다.

연습하는 동안 어떤 것도 당신의 정신을 흩뜨리지 못하도록 하라.

위의 기법에서는 집중하기 위한 방법으로 작은 사물에 주의를 쏟으라고 제안했다. 이제 소개할 연습법에서는 초를 사용할 것이다. 다시 말하자면, 초가 켜져 있을 때 빛나는 불꽃을 이용한 기법이다. 그 옛날 초는 곧 인간에 대한 은유였다. 촛대는 신체, 심지는 마음, 그리고 불꽃은 정신 또는 영혼을 나타냈다. 이런 까닭에 여러 철학과 사상이 초에 커다란 힘과 상징적인 의미를 부여한 것이다.

어둠 속에서 빛나는 불빛은 항상 우주의 지시물이자 눈길을 끄는 요소가 되며 어두운 밤길을 걷는 자의 길잡이가 된다. 초는 집중력을 훈련할 때도 우리 마음의 가장 좋은 진동을 끌어당기고 집중시키는 등 중요한 역할을 한다. 흔들리는 불꽃은 끌어당김의 법칙을 작용하게 만드는 훌륭한 도구라고 할 수 있다.

초를 이용한 집중력 연습

앞서 언급했던 대가 왈도 비에라는 전통적 기법들을 종합한 연습법을 고안했다.

- **준비 단계** 헐렁하고 가벼운 옷을 입는다. 몸을 조이는 허리띠나 고무 밴드 따위는 하지 않는다. 다른 곳과 떨어진 조용한 방을 찾는다. 외부 소음이 차단된 곳이면 더욱 좋다. 연습을 방해하는 요인이 전혀 없는 시간대를 택한다.
- **마스터 초** 중간 크기의 흰 초 하나를 촛대에 끼운 후 선반 모퉁이에 둔다. 초를 켠 후 다른 불은 모두 끈다.
- **편안한 자세** 초에서 3미터 정도의 거리에 있는 편안한 소파나 의자에 앉는다. 허리를 곧게 펴고 손은 허벅지에 올려둔다.

- **집중** 촛불을 유심히 본다. 정신을 딴 데 팔지 않고 살짝 흔들리는 촛불의 움직임을 따라간다. 색도 관찰한다. 촛불이 당신을 둘러싼 전 세상에 존재하는 유일한 것이라 느낄 때까지 이 연습을 계속한다.
- **반복** 매일 또는 적어도 일주일에 세 번씩 이 연습법을 반복한다. 단 한 번의 실패 없이 완전히 정복할 때까지 한다.

> 깊은 명상을 할 때 집중의 흐름은
> 기름의 흐름만큼이나 지속적이다. _파탄잘리(Patanjali)

부정적인 생각을 떨쳐내라

우리가 소개한 연습법을 완전히 터득할 때까지 모두 실천했다면, 이제 당신의 생각을 인식하고 분석하여 훈련시킬 때가 왔다. 이 훈련의 목적은 원하는 변화가 일어나지 못하게 막는 모든 부정적인 생각과 두려움 또는 속박감으로부터 마음을 정화시키는 것이다.

사실 우리는 거의 하루 종일 생각을 하고 있다. 생각은 대부분 하고 있는 일에 집중하거나 말하고, 듣고, 읽기 위한 것이다. 그러나 미술관에 가거나 과거의 기억을 더듬어 볼 때, 또는 앞으로 일어날 일에 대해

추측할 때 문득 떠오르는 생각들도 있다. 이렇게 무의식적으로 떠도는 생각이 이제 연구해야 할 대상이다.

긍정적인 변화를 가로막는 생각들로부터 당신의 마음을 정화시켜라.

제임스 앨런과 그의 저서 『생각하는 인간처럼As a Man Thinker』의 열렬한 추종자인 마티 블나도 다우Marty Vernadoe Dow는 생각을 크게 세 갈래로 분류한다. 첫째, 나도 알고 남도 할 줄 아는 '행동의 생각', 둘째, 내가 원하고 추구하는 '긍정적인 생각', 마지막으로, 나에게 손해를 끼치고 내가 원하지 않는 '부정적인 생각'이다. 예를 들어보겠다.

당신이 외과수술을 받아야 하는 상황을 가정해 보자. 운이 좋아 훌륭한 의사를 만나게 될 것이라 생각한다면, 당신은 긍정적인 생각을 하고 있는 것이다. 만일 수술실에서 의료진들이 준비하는 과정을 떠올린다면, 그것은 행동의 생각이다. 수술에서 잘못될 경우를 염려하고 있다면, 그것은 부정적인 생각에 해당한다.

부정적인 생각은 긍정적인 생각을 어렵게 만들고 그것에 대해 의심하도록 만든다. 그뿐만 아니라 행동의 생각을 막아 버리거나 쓸모없게 만들어 버린다. 사람들은 대부분 자신에게 일어날 수 있는 모든 불행을 상상하는 것이 곧 그것을 예방하는 방법이라고 생각한다. 그러나 사람들이 진정 생각해야 할 것은 희생자가 되어 겪게 될 고통이 아닌 고통받지 않기 위해 대처하는 법이다. 예를 들어 경사진 곳을 오르며 운전을 하는데 앞에 크고 무거운 트럭이 있다고 가정하자. 트럭이 뒤로 밀려나 당신의 차를 받아 버리는 상상을 해봤자 무슨 소용이 있겠는가. 대신 앞차와 부딪히지 않거나 손해를 최소화하기 위해 무엇을 해야 하는지 머릿속에 그려 본다든지, 아니면 운전자로서의 자신을 믿는 편이 훨씬 나을 것이다.

이는 당신의 부정적인 생각을 인식하고 그것을 당신의 마음에서 내쫓아 버리는 것이다. 이렇게 해서 긍정적인 생각이 생성된다. 이런 생각은 긍정적인 진동을 발산시키는 데 필요한 것이고, 또 이러한 진동은 당신의 소망과 포부를 이루는 데 도움이 된다. 이에 대해 블나도 다우는 이렇게 말한다.

당신이 생각하는 것이 전부 당신은 아니다. 생각은 마음에서 일어나는 활동 중 하나일 뿐이다. 생각을 선택할 권리와 책임은 당신에게 있다. 생각은 마음속에 뿌리박힌 당신의 원칙과 가치관을 철저히 반영하지만, 그것은 진정한 당신의 본질이 아니다. 당신은 살면서 어느 순간 자신의 생각을 구성하는 사고의 시스템을 수용했다. 당신은 부정적인 생각을 만드는 부적절한 사고를 바꿀 수 있다.

역설적이게도 그 과정은 역순이다. 부정적인 생각을 떨쳐 내고 그것을 긍정적인 생각으로 바꿔야만 당신의 삶을 변화시킬 새로운 사고와 규범의 시스템을 얻을 수 있다. 따라서 첫 단계는 당신의 머릿속에서 끊임없이 흘러다니는 생각 중 무엇이 부정적인 생각인지 파악하는 것이다.

> 생각은 우리가 경험하는 현실을 바꿔 줄 중요한 도구이다.
>
> _마티 블나도 다우

생각을 표현하는 방법 중 하나는 스스로에게 선언문을 낭독하는 것이다. 다시 말해 우리의 기분 상태나 생각을 한 마디로 나타내고 그런 생각을 머릿속에 담아 두고 재확인하게 해주는 문장을 말하는 것이다. 이것은 부정적인 생각을 마음속에 잡아 두는 방법이자 가장 먼저 피해야 할 일이기도 하다. 마치 우리가 스스로에게 사악한 마법을 건 것처럼. 정신역학의 전문가 크리스티안 고드프로이Christian H. Godefroy는 이러한 마음속 문장들을 근사한 목록을 만들어 정리했다.

예컨대 "난 못해." "난 하면 안 돼." "난 실패할 거야." "난 행운아가 아닌걸." "난 늘 실수만 하지." "이건 나를 위한 것이 아니야." "난 너무 늙

었어." "이제껏 성공한 적이 단 한 번도 없었는데, 지금이라고 뭐 다르겠
어?" "아무도 나를 사랑하지 않아." 등이다.

고드프로이는 이런 식의 생각을 180도로 바꾸라고 제안한다. 다시
말해 이런 말들 대신 "난 할 수 있어." "난 해야 돼." "난 성공할 거야."
"난 운이 좋아." "맞게 잘하고 있는 거야." "난 아직 젊은걸." "난 상냥
해." "난 소중해." 등의 문장을 말하는 것이다. 이것이 그저 자긍심을 높
이기 위한 방법이라고 생각한다면 오산이다. 자신감 없이는 아무것도
할 수 없겠지만, 긍정적인 생각은 단순히 당신의 자아를 자극시키는 이
상의 것이다.

부정적인 생각을 표현하는 내면의 말을 통해 그것을 인식하라.

레이키靈氣(일본식 기치료)에 정통한 인도의 사상가 아닐 바트나가르
Anil Bhatnagar는 부정적인 생각을 긍정적인 생각으로 바꿀 수 있는 다
른 기법들을 제시한다. 그는 무엇보다 자신의 생각에 휘말려 그것에 끌
려 다녀서는 안 된다고 조언한다. 첫 단계에서는 이런 일이 흔히 일어난
다. 이런 경우 재빨리 연습을 중단하고 마음을 비워야 한다. 아니면 그
냥 몇 분 동안 다른 것을 생각하며 주의를 분산시켜도 된다. 다음 단계
는 항상 객관적인 관찰자의 입장에서 당신의 생각을 분석하는 것이다.
바트나가르는 이를 다음과 같이 정리한다.

생각이 당신을 어지럽히도록 내버려두지 마라. 그것을 비난하지도 정당화하지도 마라. 또한 통제하려고도 하지 마라. 그저 관찰하라. 어느 정도 시간이 지나면 부정적인 생각을 식별할 수 있을 것이다. 그러면 그것을 모두 머릿속에 떠오르는 긍정적인 생각으로 바꾸는 데 집중하라. 그러면 그 주제에 대해서는 보다 긍정적인 자세를 가지게 될 것이다.

태양, 당신의 벗

당신의 머릿속에서 부정적인 생각이 바뀌거나 사라질 기미를 보이지 않는다면, 바트나가르가 제안한 이 방법을 써보자. 바로 "광대한 빛을 내뿜는 커다란 태양을 상상하라."이다. 부정적인 생각이나 감정 또는 영상 등이 포착될 때 머릿속에 그린 태양빛을 이용하여 그것을 없애는 것이다. 이 태양이 원하지 않는 생각을 반사적으로 포착하여 불빛으로 쏴 없애고 다시 돌아오는 무기라고 생각하자. 그러나 한 가지 잊어서는 안 될 것이 있다. 바로 마음속의 태양을 당신의 소원을 들어주기 위해 늘 당신의 곁에 있는 충직한 친구로 영상화하는 것이다.

하루 동안 발생한 생각을 기록하는 마음의 일기장을 늘 지니고 다니자. 일기장은 노트나 전자문서면 된다. 다른 사람과 대화하면서 무슨 말을 했는지, 속으로 어떤 생각을 했는지, 갑자기 떠오른 영상이나 생각은 무엇이었는지 상기하는 데 도움이 될 것이다. 바트나가르는 지나간 대화, 대화 도중 떠올린 생각, 토론, 모임 등의 내용을 기억해 분석하는 것을 매우 중요시한다. 이를테면 "그것이 꼭 필요했는가?" "그 목적은 무엇이었나?" "대화는 그 목적에 부합했는가?" "아니라면 왜 그런가?" "정확하고 적절하고 긍정적인 단어를 사용했는가?" "대화 후 만족하였는가?" 하는 식이다.

　따라서 자신의 의견이나 하루 중 문득 떠오른 생각들에 대해 스스로 이런 질문들을 던져볼 수 있다. 인도의 이 대가는 당신이 곰곰이 생각하거나 다른 사람들과 대화를 나눌 때 드는 상념들을 긍정적으로 바꿀 수 있는 방법을 찾을 수 있는지에 대해 자문할 것을 권한다. 또한 부정적인 말을 하거나 그런 생각이 들었다면 미루지 말고 곧바로 이 방법을 실천하라고 주장한다.

　　중립적인 관찰자로서 당신의 생각을 분석하라.

　　생각과 자신을 동일시해서는 안 된다. _아닐 바트나가르

두려움을 극복하라

두려움은 우리 몸의 자연스러운 반응이다. 또한 실제이든 상상이든 위험을 감지했을 때 발생하는 강한 화학적 감정이다. 두려움은 방어와 생존을 위한 일차적인 기능으로서 그러한 위험을 예방하거나 피하게 해 준다. 두려움은 실제로 위협 요인이 존재할 때는 큰 이점이 되지만, 그 위협이 가상에 불과하다면 완전히 부정적인 것이다.

두려움의 결과로 가장 많이 나타나는 것은 우리의 신경계를 자극시키는 불안감 그리고 억압과 슬픔의 감정인 근심이다. 특히 근심은 우울증으로 발전하게 되면 재발하는 경향이 있다. 두려움을 발생시키는 원인은 대부분 비현실적이며 과장된 것이다. 따라서 우리가 상상하는 것만큼 그리 심각하지 않을 가능성이 크다. 만일 두려움이 침범하도록 내버려둔다면, 우리의 건강뿐만 아니라 부정적인 생각을 막아 주는 저항력까지 해치게 된다. 따라서 긍정적이고 이득이 되는 생각을 만드는 데 커다란 심리적 장애물로 변질될 수 있다.

역사상 가장 뛰어난 직관과 감수성을 지녔던 위대한 윌리엄 셰익스피어는 이미 17세기에 작품 속 인물을 통해 "내가 두려운 것은 너의 두려움이다."라는 말을 남겼다.

"두려움을 느끼자. 그리고 어쨌든 해내자." 이것은 미국 심리학자 수

잔 제퍼Susan Jeffers의 세계적 베스트셀러의 도전적인 제목이다. 그녀는
책의 도입부에서 자신도 생각을 바꾸는 데 대한 두려움에 사로잡혀 있
던 사람이었다고 고백한다.

"어렸을 때는 늘 두려움이 나를 지배했었다. 그래서 몇 년 동안 인생
에서 아무리 봐도 나에게 득 될 게 없던 많은 것들에 집착했던 것도 놀
라운 일이 아니다. 부분적인 문제가 끊임없이 머릿속에서 이렇게 말하
는 목소리가 들렸던 것이다. "지금 상황을 바꾸지 않는 편이 낫겠어."
"그건 너를 위한 것이 아니야." "절대 혼자서는 못할 거야." "괜히 모험할
필요 없어." "넌 실수를 하고 말 거야." "결국 후회하겠지!"

만일 당신이 이 이야기 속 어린 수잔과 같다고 느낀다면, 이제 노력해
야겠다는 생각이 들 것이다. 당신의 마음이 받아들이려고 하는 변화를
방해하는 두려움이라는 장애물에서 해방되려면 말이다. 제퍼는 두려움
을 없애기보다 그것을 인정하고, 두려움의 원인과 그것을 초래한 부정
적인 생각이 무엇인지 분석하라고 충고한다. 다시 말해 두려움과 공존
하는 법을 배우는 것이다. 그녀의 책 제목처럼, 두려움에 대항하기 위해
그것을 받아들이는 것이다.

누군가 이렇게 말했다. "전쟁 영웅들은 자신의 두려움을 더 이상 견
딜 수 없어 용감하게 싸우는 것이다." 수잔 제퍼는 이 정도의 반응을 믿
진 않지만 대신 우리의 마음을 재교육하는 의식적인 과정을 강조한다.

두려움에 맞설 수 없는 것이 심리적인 불안감으로 느껴질 수 있지만, 사실 그렇지 않다. 나는 그것이 단순히 교육의 문제라고 생각한다. 따라서 마음을 다시 교육시키면 두려움을 성공을 위한 장애물이 아닌 삶의 한 사건 정도로만 받아들이게 된다.

수잔 제퍼는 이러한 신념 아래 책을 읽고 교육 워크숍에 참여하고 권위 있는 사람들과 대화를 하기 시작했다. 이들의 조언과 충고에 따라 제퍼는 불안감으로 자신을 가두어 놓았던 생각을 '흘려보내기' 위한 방법을 고안하기에 이르렀다. 그녀는 이 방법을 통해 세상을 덜 위협적이고 더 즐거운 공간으로 보기 시작하면서 태어나 처음으로 사랑이라는 감정을 느낄 수 있었다고 한다.

비밀은 두려움을 받아들이고 어쨌든 해내는 것이다.

수잔 제퍼의 이론에 따르면, 두려움은 세 단계로 나뉠 수 있다. 한편, 첫 단계의 두려움은 다시 '일어나는 것들에 대한 두려움'과 '주체의 행동이 필요한 것들에 대한 두려움'으로 나뉜다. 빠진 부분들도 있지만 이러한 두려움의 목록을 살펴보도록 하자.

1단계의 두려움

일어나는 것들

- 노화

- 무능력

- 퇴직

- 고독

- 자녀들의 독립

- 자연 재해

- 경제 위기

- 변화

- 죽음

- 테러, 폭력

- 질병, 사고

- 사랑하는 사람을 잃는 것

- 강도

- 폭행

행동이 필요한 것들

- 결정 내리기

- 이직 또는 직종 전환
- 새로운 친분 쌓기
- 다시 공부하기
- 관계를 시작하거나 끝내기
- 통화하기
- 체중 감량
- 인터뷰 응하기
- 대중 앞에서 말하기
- 운전하기
- 성관계 가지기
- 실수하기

두려움이 잔인한 이유는 대개 하나가 아닌 우리 삶의 여러 부분에까지 스며들기 때문이다. 예컨대 사람을 사귀는 것이 두렵다면 당연히 파티에 가거나, 취업을 하거나, 성관계를 가지는 일 따위도 두려울 것이다. 이것은 다음 단계의 두려움 목록을 보면 더욱 명확해진다. 2단계의 두려움은 특정 상황이 아닌 주체의 성격이나 자아와의 친밀도와 관련된 것이다. 수잔 제퍼가 정리한 목록의 일부를 보기로 하자.

2단계의 두려움

- 거절

- 실패

- (생각한 것보다 더 자주 성취하는) 성공

- 나약함

- 속은 기분

- 무능력함

- 거부

- 이미지 실추

3단계의 두려움

위의 목록을 만든 수잔 제퍼는 3단계에서는 우리 모두에게 해당하는 한 가지 두려움만 명시해 놓았다. 모든 두려움의 아버지는 그것을 대처하고 통제하지 못한다는 두려움이다. 그래서 3단계의 두려움 목록에는 이 한 문장뿐이다.

- 어떻게 해야 할지 모르겠어!

이것은 다시 말해 "외로움을 어떻게 달래야 할지 모르겠어." "늙는 것을 어떻게 해야 하지?" "실패에 대처하지 못하겠어." "성공에 따르는 책임을 어떻게 짊어져야 할지 모르겠어."와 같은 말이다.

> 당신의 두려움 하나하나의 밑에는 두려움만 있을 뿐이다. _수잔 제퍼

당신이 가진 모든 두려움에 맞서는 방법은 상황의 외적인 요인이나 사실상 당신이 다룰 수 없는 외부 세계에 속한 태도나 행동 등을 조정하는 것이 아니다. 배우자나 자녀, 친구, 상사 또는 동료들이 하는 말이나 행동을 통제해서는 두려움을 없앨 수 없다. 또한 면접이나 시험 또는 새로운 직장에서 일어날 일을 상상하거나 당신의 자산이 어떻게 될지 짐작해서는 두려움을 극복할 수 없다. 오히려 정반대이다. 이것은 당신의 불안감을 증폭시킬 뿐이다. 당신이 통제할 수 있는 범위를 벗어난 문제이니까. 그냥 자연스레 흐르게끔 내버려둬라. 그러면 마음이 후련해질 것이다. 이제 마지막으로 수잔 제퍼의 말을 인용하겠다.

> 두려움을 감소시키기 위해 해야 할 일은 오직 당신이 가야 할 길에서 마주치게 될 모든 것에 대처할 수 있다는 자신감을 가지는 것이다. 앞으로 무슨 일이든지 대처할 수 있다고 스스로 믿는다면, 두려울 일이 뭐가 있겠는가? 대답은 뻔하다. "아무것도 없다."

외부 요인을 조정하여 두려움을 없애려고 하지 마라.

심리학자인 제임스 메시나James Messina와 콘스탄스 메시나Constance Messina 부부는 30년이 넘는 세월을 우리 삶의 여러 측면에 미치는 두려움의 영향과 결과를 연구하는 데 매진했다. 이들은 오랜 연구 기간 동안 수천 건을 다루며 행동주의 심리학의 원칙에 기반을 둔 자신들만의 기법을 고안했다. 이 기법은 두려움을 객관화하는 것을 기본으로 한다. 이를테면 일기장에 우리가 매일 느낀 두려움을 기록하여 나중에 무엇이 가장 반복되고 지속적으로 나타나는지, 또 단지 상황적인 요인에 의한 두려움은 무엇인지 확인한다.

당신의 삶에서 가장 활발하고 지속적으로 나타나는 두려움을 확인했다면, 이를 분류하고 분석하는 과정으로 넘어간다. 메시나 부부는 이를 단계별로 설명한다.

1단계

두려움을 리스트로 만들고 나면, 그것을 중요도 순으로 배열한다. 가장 심각하게 영향을 주는 두려움을 맨 처음에 쓴다.

2단계

두려움에 순위를 매기고 나면, 이제 그것을 극복하기 위한 동기부여 수준을 살펴본다. 아래의 질문에 대한 답을 글로 써보라.

- 나에게 이 두려움들은 얼마나 현실적인가?
- 현재 또는 과거의 내 행동에 어떻게 영향을 미쳤는가?
- 나의 이미지, 의식, 자존감을 어떻게 결정짓는가?
- 어떤 의미에서 나를 약하게 만드는가?
- 무엇을 할 때 나에게 걸림돌이 되는가?
- 어떤 감정을 차단시키는가?
- 언제부터 이러한 두려움을 느끼게 됐는가?
- 진실로 두려움을 극복하고 싶은가?

3단계

두려움을 극복하기 위한 동기를 확인했다면, 그것이 꼭 필요하다는 점을 스스로에게 각인시켜라. 종이 한 장을 더 준비해 다음의 질문에 답하라.

- 이러한 두려움이 의사 결정 과정에 어떤 영향을 주는가?
- 당신의 불안감을 어떻게 증폭시키는가?

- 당신의 삶을 변화시키고자 할 때 어느 정도 방해를 받는가?
- 다른 사람들의 호의에 대한 당신의 반응에 어떻게 영향을 미치는가?
- 당신은 어느 선까지 스스로를 묶어 두고 마음을 닫는가?
- 당신의 교육 수준, 직업, 직업상 목표에 어떤 영향을 주었는가?
- 두려움 때문에 자기 파괴적인 태도를 취한 적이 있는가?

4단계

두려움이 삶에서 미치는 영향을 파악하고 분류했다면, 처음 작성했던 목록으로 돌아가 두려움을 하나씩 대처할 준비를 하라. 먼저 가장 해롭고 머릿속에 깊이 박힌 두려움부터 시작하라.

5단계

이러한 두려움을 떨쳐 내려면 우리가 '스톱Stop'이라 이름 붙인 기법을 활용해 보라. 그 과정은 다음의 목록을 통해 자세히 설명하겠다.

두려움을 없애는 '스톱' 기법

이 방법을 연습하려면 카세트테이프나 CD로 녹음할 준비를 해야 한다. 1분, 2분, 3분 간격으로 '스톱'이란 단어를 연속적으로 말한다. 30분 동안 계속해서 한 세트(1분, 2분, 3분)씩 반복한다.

- 편하게 앉거나 눕는다. 극복하고 싶은 두려움을 생각하며 녹음을 재생한다. '스톱'이란 단어를 들을 때마다 그 생각을 멈춘 후, 다음 '스톱'을 들을 때까지 다시 그 생각을 떠올린다. 잘 되지 않거나 주의가 분산되면, 처음부터 다시 시작한다. 매일 밤마다 연속으로 15분씩 이 연습을 한다.

- 2주 후면 녹음기에서 '스톱' 소리를 들을 때마다 부정적인 생각을 멈추게 될 것이다(그렇지 않다면, 한 주 더 연습한다). 이제 이런 외적 도움은 더 이상 받지 않아도 된다. 두려움을 만드는 생각이나 대상 또는 상황을 마음속으로 떠올린 뒤 크고 힘찬 목소리로 '스톱'을 외칠 때 그 영상을 지워라. 매일 15분씩 이 연습을 한다.

- 큰 목소리로 명령만 해도 부정적인 생각을 지울 수 있다면, 같은 연습법을 반복하되 이번에는 작은 목소리로 '스톱'을 속삭이듯 말한다. 매일 30분씩 2주 동안 실천한다.

- 이제 마음속으로 완전히 두려움을 정복하는 방법을 배울 것이다. 소리에 전혀 의존하지 않고 말이다. 아까와 같은 부정적인 생각에 집중한 뒤 '스톱'을 속으로만 외치면서 그것을 떨쳐 낸다. 연속으로 15일 동안 연습하고 나면, 긍정적인 마음의 에너지로 두려움을 극복할 수 있게 된다. '스톱'이란 단어를 마음속으로 끌어당겨서 말이다.

- 이 연습법이 효과가 있다는 것은 마음속에 가장 깊이 오랫동안 남아 있던 부정적인 생각을 일단 없애고 나면 이후의 생각들은 극복하기 훨씬 쉽다

는 뜻이다. 단계별로 정해진 시간에 따라 연습하여 떠오르는 생각을 하나하나 정리한다.

• 나중에 어느 순간 이런 생각들이 다시 당신의 마음속에 자리 잡으려 할지도 모른다. 그럴 경우 가능한 한 빨리 그 생각에 대해 '스톱' 기법을 실천하여 당신의 삶을 변화시키고 있는 긍정적인 생각이 방해받지 않도록 한다.

두려움은 환상이다. 따라서 살 수 없다. 용기는 영원하다.

따라서 죽을 수 없다. _스리 스와미 시바난다(Sri Swami Sivananda)

그림 그리기를 실천하라

지금까지 소개한 모든 연습법의 공통된 목표이자 당신이 배우고 터득해야 할 것은 바로 '그림 그리기Visualization'이다. 이것은 긍정적인 생각을 영상으로 만드는 것이다. 다시 말하면 끌어당김의 법칙을 통해 우주 에너지로 채우고자 하는 소망이나 욕구를 상징하는 이미지를 마음속에 떠올리는 것이다. 또한 이 기법은 마치 당신의 마음이 영화관의 영사기나 스크린이 된 것처럼 특정 이미지를 만들어 그것을 반복적으로 투영하는 것이다.

주의할 점은 당신의 현 상태에서 바꾸고자 하는 것을 그리면 안 된다는 것이다. 비밀은 바로 이미 실현된 변화를 머릿속에 떠올리고 그것을 반복하는 데 있다. 떠올린 이미지에 살을 붙여 구체화시켜라. 예컨대 원하는 것이 소심함을 극복하는 것이라면, 아예 그것에 대해 생각하지 마라. 곧바로 모임의 중심이 된 당신의 모습, 즉 대범한 제안을 하거나 당신이 좋아하는 사람을 화려한 언변으로 압도시키는 모습을 마음속에 그려라.

물론 우리의 상상력을 훈련하여 긍정적인 생각에만 집중하는 것은 하루아침에 이루어지는 쉬운 일이 아니다. 그러나 '깊은 집중'에 대한 장에서 이미 언급한 바 있는 독일의 심리학자 피터 쿠머Peter Kummer가 한 말을 보면 다시 힘이 솟을 것이다.

나는 오랜 세월에 걸쳐 부정적인 습관으로 굳어져 버리고 두려움에 휩싸인 우리의 생각을 쉽게 바꿀 수 있다고 말한 적은 단 한 번도 없다. 하지만 인내를 가지고 노력한다면, 단 몇 주 만에 달라진 당신을 발견할 것이다. 당신은 사물을 더 긍정적으로 바라볼 것이고 자신의 삶이 변할 수 있다는 것을 깨닫게 될 것이다.

그림 그리기는 정신 세계와 육체 세계를 이어 주는 고리이다. _피터 쿠머위의 구절을 등대삼아 노력을 계속해야 한다. 이것은 상상력을 자극하는 것뿐만 아니라 믿음을 강화해야 함을 뜻하기도 한다. 다시 말해 '그림 그리기'가 작용하고 그 에너지가 현실에서 나타나게 된다는 믿음 말이다. '겉과 속은 같은 법'이며, 당신의 마음으로 실제 상황을 만들고 물질적인 사물을 끌어당길 수 있기 때문이다. 쿠머의 말처럼 생각지도 못한 힘을 얻게 될 것이다.

습관과 두려움이 더 이상 당신의 마음을 방해하지 않는 순간이 올 것이다. 어느 순간 당신의 습관과 두려움이 마음을 방해하지 않을 것이다. 머릿속에 그리던 영상들은 더욱 또렷하고 확실해지면서 당신 일상생활의 일부가 될 것이다. 내면의 힘이 강해졌다는 사실을 깨닫게 될 것이다.

신념을 가지고 위대한 힘을 얻을 때까지 기다려라.

쿠머는 그림 그리기를 실천할 때 여러 가지 기법을 병행할 것을 권한다. 긍정적인 에너지에 대한 신념을 확고히 하고 마음의 영상을 뒷받침하려면, 이런 선언문들을 연습하는 것이 큰 도움이 된다.

"나는 지금의 내 모습 그대로가 좋아."

"나는 살아 있다는 사실만으로도 행복해."

"나는 인생을 즐기지."

"나는 에너지로 충만해."

"나는 몸과 마음 모두 건강해."

"나는 성공의 길로 가고 있어."

"나는 차분하고 마음이 편해."

"나는 언제나 나 자신을 위한 시간이 있어."

"나는 매일 더 좋아지는 것을 느껴."

"나는 조화로운 애정 관계를 유지하고 있어."

"내 인생은 늘 풍족해."

"나는 진심을 다해 내가 하고 있는 일을 즐겨."

그림 그리기를 하고 있을 때에는 이 연습을 하지 않는다. 머릿속에 아무런 영상을 떠올리지 않은 상태에서 문장들만 큰 목소리로 읽는다. 가능하다면 거울 앞에서 한다.

긍정적인 표현은 당신이 이루고자 하는 소망을 영상화하는 것을 도와준다.

그림 그리기의 효과는 당신이 외부 세계로부터 자신의 감정을 분리하여 내부의 현실로 가져오는 효과에 비례한다. 이렇게 내면으로 돌아오면, 당신은 자신의 신체와 정신을 자극시키는 마음의 영상을 만들어 낼 수 있다. 이 영상은 당신이 외부 세계와 멀어지고 의지와 집중력을 내면으로 끌어오는 동안 저절로 찾아올 것이다.

위의 구절은 긍정적인 그림 그리기를 통해 병을 예방하고 치료하는 전문의 제럴드 엡스타인Gerald Epstein 박사가 한 말이다. 외부 요인으로부터 벗어난다는 맥락에서 엡스타인은 이른바 '파라오Pharaoh 자세'를 연습하라고 제안한다. 이 자세는 소파나 등받이가 편편한 의자에 허리를 세우고 앉아 팔은 자연스럽게 팔걸이에 올리고, 손바닥을 위로 아래로 또는 옆으로 흔들어 가며 이완시키는 것이다. 발은 바닥에 평평하게 대고 있어야 한다. 그림 그리기를 하는 동안 팔짱을 끼거나 다리를 꼬아서는 안 된다. 팔과 다리가 다른 신체 부위에 닿는 것도 금물이다. 엡스타인은 이런 자세에서 감각적 인식이 외부 메시지로부터 분리되어 내면의 원칙, 즉 어떠한 결정을 내릴 때 우리에게 나침반 역할을 하는 내면의 길잡이를 찾을 수 있다고 주장한다. 또한 이 자세는 심호흡을 도와주고 집중을 유지하는 데 유용하다. 눕거나 무언가에 기대고 있으면 몸이 이완되면서 졸리게 된다.

고귀한 자세

'파라오 자세'는 이집트 예술품에서 파라오와 고위 관리들이 주로 취하는 자세를 빌려 온 것이다. 고대 일반인들은 바닥에 앉거나 몸을 웅크린 자세를 취하곤 했는데 바로 이 자세가 의자나 왕좌를 위엄 있게 만들었다. 이후 왕과 황제들도 특히 중요한 사안을 판결하거나 해결할 때, 또는 성대한 의전 의식이 있을 때 이런 자세를 취했다. 케프렌 Chephren 파라오에서 페르시아 다리오Dario 왕에 이르기까지, 워싱턴에 있는 에이브러햄 링컨Abraham Lincoln 동상에서 우주선에서 포즈를 취하는 우주인들까지, '파라오 자세'는 늘 뛰어난 권력과 상황 통제 능력의 상징이었다.

영상화 능력은 그것을 원하기만 하면 손에 얻는 재능이 아닌, 꾸준히 인내심을 가지고 훈련을 해야만 얻어지는 결실이다. 이 훈련에는 꽤 오랜 시간이 걸리기도 한다. 그러나 그러한 능력과 특히, 그것을 얻기 위해 드는 시간과 노력은 개인차가 크다는 사실을 강조하고 싶다. 연습한 지 얼마 지나지 않아 그 능력을 가지게 되는 행운아가 있는가 하면, 온갖 어려움을 겪고 나서야 비로소 얻게 되는 사람도 있다.

결국 얼마나 쉽게 그림 그리기를 할 수 있느냐는 당신의 사전 수련과 긴장 이완 및 집중 연습의 정도에 달려 있다. 그러나 비록 그러할지라도 처음에는 원하는 영상을 그리는 것이 쉽지는 않을 것이다. 엡스타인 박사는 영상화 능력을 기르는 데 유용한 몇 가지 팁을 제시한다.

- 자연 풍경을 담은 그림이나 사진을 1~3분 동안 관찰한다. 그런 뒤 눈을 감고 같은 영상을 머릿속에 떠올려 본다.
- 눈을 뜬 채 과거에 즐거웠던 장면을 회상한다. 다시 눈을 감고 머릿속에 그 그림을 그려 본다.
- 후각, 청각, 미각, 촉각 등 시각 이외의 감각을 활용한다. 우리의 모든 감각은 머릿속에서 자극물을 만들어 내고 이는 그것과 관련된 그림을 그리는 데 도움이 된다.

처음부터 구체적인 영상을 만들기란 어렵다. 이것은 꽤 많은 훈련을 거친 후에야 가능하다. 엡스타인은 좀 더 인내심을 가지라고 충고한다.

일반적으로, 그림 그리기를 더 잘하려면 긴장을 푸는 노력을 해야 한다. 심호흡을 세 번 하고 눈을 감아라. 그런 뒤 머릿속에 그림이 저절로 그려질 때까지 기다려라. 기다리는 것, 바로 그것이다. 그림이 그려졌으면 그것을 받아들여라. 어떤 그림이든, 혹시 말도 안 되고 쓸모없게 보일지라도 결국 적절하고 유용할 것이다.

처음 그림 그리기를 시작할 때는 인내심과 겸손함을 가지고 불완전한 영상을 받아들이는 것이 필요하다.

영국의 정신주의자 어슐러 마크햄Ursula Markham은 자국에서 큰 명성을 얻었다. 그리고 수많은 저서를 통해 전 세계에 자신의 이름을 알렸다. 마크햄은 이른바 '살기 위해 그림 그리기'라는 방법을 고안했다. 이 기법은 불안감, 우울증, 공포증 등을 야기하는 정신적 외상에서 흡연이나 손톱을 물어뜯는 것처럼 습관을 고치는 것까지 다양한 주제를 포괄하고 있다.

우리 모두 바꾸길 원하는 뭔가를 내면에 가지고 있다. _어슐러 마크햄

그의 동료들과 마찬가지로 마크햄도 긴장 이완을 완벽하게 달성하는 것이 중요하다고 역설한다. 또한 달성하기 원하는 목표에 적합한 영상이나 이야기를 자극하기 위해 특정 녹음법의 도움을 받을 것을 제안한다.

영상은 단순히 보이는 것이다. 당신을 개선시키는 데 도움이 되고자 만들어진 일종의 각본이나 개요 같은 것이다. 당신이 현재 또는 미래에 겪을 수 있는 문제가 무엇인지는 중요하지 않다. 다른 사람이 당신에게 그 각본을 읽어 주게 하거나, 당신 스스로 녹음을 해가며 큰 소리로 읽는다.

그렇다면 그 과정은 이러할 것이다.

* **보기** 글로 써놓은 단어들을 본다. 나중에 이것을 큰소리로 읽게 된다.
* **말하기** 녹음할 수 있도록 단어들을 읽는다.
* **듣기** 녹음을 재생할 때 이 단어들을 듣게 된다.
* **상상하기** 녹음된 당신의 목소리를 들으며 그림 그리기 기법을 연습할 때, 이 단어들을 머릿속의 영상들로 바꾸게 된다.

그림 그리기의 비밀은 분명 마지막 네 번째 단계에 있다. 성인이 되면 학업, 가족, 일, 금전 등과 관련된 세세한 문제들이 대부분의 생각을 차지하게 되고 현실을 도피하고 싶은 충동을 만들어 낸다. 점차 우리는 어린 시절의 상상력, 즉 이제는 활동을 멈추고 우리 머릿속 깊은 곳에서 잠들어 있는 상상력을 잃어가게 된다. 뜬금없이 천국 같은 풍경 속의 아름다운 호수 옆에 있는 자신의 모습을 상상하라고 주문한다면, 형편없고 표면적이며 현실에서 우리를 괴롭히는 생각들로 가득 찬 그림을 그려낼 것이 뻔하다. 그도 아니면, 아예 아무런 영상도 떠올리지 못하던가.

마크햄은 이 문제를 잘 알고 있다. 그래서 이를 극복하기 위한 방법을 제안한다.

이렇게 가정해 보자. 당신은 시각적 영상을 만들 수 있는 자신의 능력에 대해 의구심을 갖고 있는 사람 중 하나이다. 이 상황을 개선하려면 어떻게 해야 할까? 상상하기가 근육이라고 생각해 보자. 몸의 근육과 마찬가지로, 훈련을 하지 않으면 상상력도 약해지고 느슨해질 것이다. 또한 모든 근육이 그러하듯, 어쩌다 몇 번 한 훈련으로 시간이 지나면 강해질 것이라 기대하는 것은 무리이다. 따라서 매일 사용하여 점차적으로 힘을 길러야 한다.

상상력을 최적화하기 위한 마크햄의 기법

1단계

● 종이에 다음의 낱말을 받아 적는다.

〈집, 나무, 토마토, 소, 아기, 바다, 의자, 수선화, 전화, 찻주전자 등〉

● 단어를 하나씩 큰 소리로 읽는다. 각 단어를 읽을 때마다 눈을 감고 그것이 상징하는 바를 머릿속에 그려 본다. 되든 안 되든, 리스트에 있는 모든 단어를 연습할 때까지 계속 진행한다.

2단계

첫 단계를 끝내고 나면, 상상력으로 그림을 그리기 위한 장면들을 만들어 낼 수 있다. 당신이 잘 알고 있는 장면일 수도 있고, 그것을 상상하게끔 끌어당긴 장면일 수도 있다. 다음의 예를 살펴보자.

- 어렸을 때 썼던 침실
- 현재 살고 있는 집의 어느 방 내부
- 즐거운 휴가를 보냈던 곳

3단계

이제는 머릿속의 장면에 행동을 더해야 한다. 이것은 스스로 자신의 소망을 이루는 것을 연습하는 과정이다. 당신을 정말 힘들게 하거나 불안하게 만드는 것은 떠올리지 마라. 간단하고 즐거운 활동만 생각하라.

관련된 몇 가지 예를 소개하겠다. 물론 당신이 원하는 다른 활동으로 바꿔도 된다.

- 익숙한 길을 걸으며 주변을 관찰한다.
- 계단을 오른다.
- 요리를 한다.
- 좋아하는 취미활동을 한다.

매일 이 방법을 실천해야 한다. 일주일 동안 한 단계를 연습하고 난 뒤 다음 단계로 넘어간다. 당신의 각본에 있는 영상이 점차 뚜렷이 보이는 것을 경험할 것이다.

그림 그리기를 최적화하려면 상상력을 훈련시켜라.

이 장에서 소개된 조언을 따르고, 특히 그림 그리기를 실천하는 데 꾸준히 의지와 노력을 모은다면 이 기법을 완전히 터득할 수 있을 것이다. 그러면 자신을 바꾸게 될 중대한 계획을 실행에 옮길 수 있을 것이다. 전문가들은 우리의 삶에서 중요한 부분을 차지하는 것부터 변화시키라고 입을 모아 충고한다. 건강, 애정, 번영, 성공, 직업적 성취, 창의력 등으로 변화를 시작하라.

고민하지 않는 인생은 살 가치가 없다. _플라톤(Platon)

완성하라,
당신이 그리던 삶은 반드시 이루어진다

당신의 꿈을 향해 믿고 정진하라. 그러면 당신이 그리던 삶을
살 수 있을 것이다. _헨리 데이빗 소로우(Henry David Thoreau)

앞으로 당신의 목표는 현재 자신의 모습을 바꿔 더 나은 삶, 더 만족스러운 삶을 사는 것이다. 지금까지 이 책을 주의 깊게 읽었다면, 여기서 말하고자 하는 개념들을 이해했을 것이다. 또한 우리가 조언한 연습법들을 실천하여 이제 창조적인 그림 그리기를 할 수 있는 능력이 배양됐을 것이다. 그렇다면 본격적인 과제에 들어갈 준비가 된 셈이다.

아마 당신은 자신의 삶에서 많은 부분을 바꾸거나 개선하고 싶을 것이다. 이를테면 안정된 심적 평화를 얻고, 어떤 것이든 공포증이나 정신적 외상을 극복하고, 신체적인 건강을 유지하거나 회복하고, 배우자나 애인 또는 가족과 친구와의 관계를 즐기고, 상사나 동료에게서 존경받고 인정받으며, 지속적으로 경제적인 여유를 누리고, 지금까지 이루지 못했던 정당한 욕구를 충족시키고도 싶을 것이다. 이 중에는 항상 해결책의 기미가 보이지 않던 묵은 문제나 번번이 실패했던 이루고 싶은 소망도 있을 것이다.

이 책은 당신의 조언자가 되어 앞으로 당신이 이루게 될 변화의 과정에 함께 하고자 한다. 과거의 대가들과 당대 최고 전문가의 도움을 받아서 말이다. 이를 위해 우리는 개인의 존재에 관한 여러 가지 조언을 주제별로 나눠 그것을 당신의 소망 분류와 일치시키고자 했다.

따라서 당신의 주된 관심 분야가 하나일지라도 각 장을 모두 읽어 보라고 권하고 싶다. 예컨대 당신이 사랑하는 사람이 당신의 마음을 알아줬으면 하고 바란다면, '자신의 애정생활을 개선하라'라는 소제목이 딸린 장을 읽어 보기 바란다. 이 경우 '정신적 조화와 마음의 안정을 이루어라'처럼 관련된 부분까지 읽으면 더 큰 도움이 될 것이다. 이런 식으로 이 책이 당신에게 더 실질적이고 효율적인 도움이 됐으면 한다.

당신의 삶에서 바꾸고자 하는 모든 것을 머릿속에 그려야 한다.

마음의 안정을 이루어라

누군가에게 자신의 가장 큰 소망이 무엇인지 물어본다면, 십중팔구는 단순히 "행복해지고 싶어요."라고 대답할 것이다. 이 대답은 연령, 성별, 인종, 지리적 위치를 막론하고 모두 같다. 그러나 행복이 무엇인지 정의하기란 참 어려운 일이다. 그래서 철학자, 사상가, 심리학자들조차 행복에 대해 포괄적이고 모두가 공감하는 정의를 내리지 못했다. 누군가에게는 행복이란 특별한 순간 짧게 느끼고 지나가는 감정일 수 있다. 성공을 이루거나 열정적인 사랑을 나누었을 때, 또는 자녀가 탄생하거나 매우 중대한 문제를 해결했을 때처럼 말이다. 당신의 삶에서 즐겁고 의미 있는 사건이 일어났을 때도 마찬가지이다. 이러한 관점에서 볼 때 완전히 행복한 존재란 있을 수 없다. 우리의 인생은 기쁨과 슬픔, 성공과 실패, 사랑과 증오, 열정과 불안함처럼 여러 가지 감정이 혼재되어 있기 때문이다.

그럼에도 인간은 스스로에 대한 의식을 가진 이래 행복으로 충만했던 잃어버린 천국으로 돌아가고자 했으며 종교나 지혜를 통해 그것을 이루고자 했다. 다시 말해 믿음과 지식을 통해서 말이다. 바로 이 두 가지를 합하여 인간의 조건에 맞는 행복을 이룬다면 더할 나위가 없을 것이다.

모든 인간은 신성함을 지향한다. 따라서 대가는

그의 내면에 자리 잡은 신성함을 끌어내도록 해야 한다.

_스와미 비베카난다(Swami Vivekananda)

　앞서 영원한 행복의 추구는 믿음과 지식, 이 두 가지 원칙에 기초한다고 말했다. 이제 그 이유에 대해 설명하겠다.

- **믿음** 신(이름과 외형에 관계없이)의 부드러운 성품과 정의로움을 믿는 것이다. 또 그것이 우주 에너지와 우리 마음에 숨어 있는 힘을 통해 나타난다고 믿는 것이다. 이러한 신념은 당신 자신에 대한 믿음 그리고 더 충만한 삶을 위해 변하겠다는 의지를 뒷받침해야 한다.
- **지식** 마음이 가진 가능성을 아는 것이다. 또한 그것을 깨울 수 있는 행동과 기법 그리고 그림 그리기와 선언문 낭독 등을 통해 당신이 이용할 수 있도록 하는 모든 지식을 말한다. 이러한 지식은 변하고자 하는 당신의 욕구를 실현시켜 주기 위해 필요한 마음의 자원들을 조성하고 최적화해 준다.

　행복의 바탕에는 기본적으로 투명한 정신적 조화와 건강하고 지속적인 마음의 안정이 자리 잡고 있다. 여기에서는 두 개의 다른 요소처럼 설명하고 있지만, 사실 동전의 양면과 같은 것으로 긴밀히 연결되어 있다. 하나가 없으면 다른 하나도 이루어지지 않을 정도이니까.

베다 교리의 대가인 스와미 비베카난다의 가르침에 따르면, 모든 인간을 대할 때는 그의 외형이 아닌 이상향을 봐야 한다. 덧붙이자면 다음과 같다.

> 각 개체는 잠재적으로 성스럽다. 목표는 이러한 내면의 성스러움을 내적 특징과 외적 특징을 조율하여 표출시키는 것이다. 이것을 실천하라. 일, 사랑, 심리통제, 철학 등 그 동기는 중요하지 않다. 이 길을 하나 또는 그 이상, 또는 모두 따르라. 그리고 해방감을 느껴라. 이것이 우리의 종교를 형성하는 것이다……. 교리, 도그마, 의식, 책, 사원 또는 영상들은 단지 이차적인 요소에 불과하다.

표면 밑을 가보면 사람과 사람, 인종과 인종, 높은 것과 낮은 것, 부자와 가난한 자, 신과 인간, 인간과 동물 사이에 존재하는 '통일성Unity'을 발견하게 될 것이다. 깊숙이 들어가 보면 이제는 모든 것이 '하나'에서 파생된 것으로 보일 것이다. '통일성'을 가지고 있는 것에 대해선 더 이상 환상은 필요 없다. 무엇이 그것을 속일 수 있겠는가? 그것은 모든 것의 현실, 모든 것의 비밀을 알고 있다. 그것에 고통이 있을 수 있을까? 그것은 모든 현실의 흔적을 따라왔다. 신, 중심, 영원한 존재인 모든 것의 통일성, 영원한 지식, 영원한 행복에 이르기까지.

우주는 자신의 비밀을 전수할 준비가 되어 있다. 우리가 어떻게 필요한 만큼 우주를 두드릴 것인지 알기만 한다면. 두들김의 세기나 강도는 집중으로 결정된다. 인간의 정신력에 한계란 없다.

사고는 우리 안에 있는 추진력이다. 마음을 가장 고양된 생각으로 채우고 난 뒤 매일 그것에 귀를 기울이고 매달 그것을 생각하라. 실패는 중요하지 않다. 그것은 자연스러운 것이기에. 이런 실패는 인생의 아름다움이다.

당신은 명상을 해야 한다. 명상은 필수적이다. 명상하라! 명상은 가장 위대한 것이다. 이를 통해 영적 삶에 가장 가까이 갈 수 있다. 명상을 할 때는 영혼이 모든 물질에서 벗어나 자신에 대해 사색하기 때문에 일생생활 중 우리가 물질적이지 않은 순간이다. 영혼과의 놀라운 접선인 것이다.

진실한 믿음만 있다면 인간의 정신력에 한계란 없다.

우리 존재의 영적인 차원을 잃는 것은 수잔 제퍼의 주된 관심사 중

하나이다. 그녀는 이 문제를 자신의 저서 『두려움을 느끼자. 그리고 어쨌든 해내자』에서 다루고 있다.

우리는 종종 '영혼, 정신, 육체'라는 표현이 우리 존재 전체를 정의하기 위해 사용되는 경우를 본다. 현 사회는 먼저 육체와 정신에만 관심을 둔다. 상위자아Superior Ego를 내포하는 영적 측면은 길에서 없어져 버렸다. 그 이유도 모른 채. 요즘은 이 상위자아에 대해 가르치는 곳이 상대적으로 그리 많지 않다. 이런 이유로 거의 우리 자신의 지능과 신체적 측면에서 몰두해 왔으니 이는 놀랄 일도 아니다. 사실 우리가 영적 측면을 가지고 있다는 것을 모르는 사람들도 꽤 많다.

위의 구절에서 저자는 정신력에 관한 가장 흥미로운 이론 중 하나를 언급하고 있다. 바로 우리 내면에 철저히 숨어 있는 강력한 '상위자아'의 존재에 대한 이론이다. 프로이트의 '초자아Superego'와 달리 '상위자아'는 우리의 1차적인 자극을 억압하거나 통제하려 하지 않는다. 그보다는 삶의 결정적인 순간을 위해 비축해 둔 에너지의 커다란 원천과 같다. 이 강력한 힘은 적절한 시기에 발휘된다. 우리 의식의 허락도 없이, 우리가 부르지 않았는데도 말이다.

'상위자아'의 기능을 설명할 때 제퍼는 평범한 사람이 이루어 낸 언뜻

보기에 불가능하거나 초인간적인 행동을 역설한다. 그녀는 차에 깔린 아내와 자식들을 구출하기 위해 필사적으로 차를 들어 올리는 한 가족의 가장을 예로 든다. 그는 어디서 그런 힘이 나왔는지도 모른 채 그 엄청난 일을 해낸다.

"어떻게 된 건지는 모르겠지만 제가 해냈어요." 아마 이 이야기의 주인공은 이런 말을 하지 않았을까? 당신 마음의 의식적인 차원에서는 어떻게 그런 기적을 이루어 냈는지 알지 못한다. 오직 신적인 존재만이 할 수 있을 법한 이 설명하기 어려운 기적을 말이다. 제퍼는 이것이 우리 모두가 가지고 있는 잠재적인 힘이 발현됐기 때문이라고 말한다.

우리는 자신의 '상위자아'에서 멀리 떨어져 있을 때 로베르토 아사지올리Roberto Assagioli가 '신적 향수Divine Nostalgia'라고 표현한 것을 느끼게 된다. 길을 잘못 들어 엉뚱한 데로 빠졌다는 느낌이 든다면 다시 돌아오는 길을 찾아라. 그냥 당신에게 '상위자아'로 가는 길을 안내하는 도구를 사용하면 된다. 그리고 다시 긍정적인 감정이 흐르도록 둬라.

나는 사실 우리가 찾고 있는 것은
우리 모두에게 있는 신적 본질이라고 생각한다. _수잔 제퍼

수다꾼을 잠재워라

수잔 제퍼에 따르면 우리의 마음에는 두 개의 근본적인 힘이 있다. 우리는 이미 '상위자아'를 알고 있다. 이것은 강력하고 긍정적이지만 우리의 의식 속에 항상 있지는 않다. 한편 때때로 부정적이고 모순된 메시지를 보내는 다른 힘으로 대체되기도 한다. 이런 메시지는 우리를 혼란스럽게 만들고, 두렵게 하며, 좌절시키기도 한다. 제퍼는 마음속 이 위험한 메신저를 '수다꾼'이라고 이름 붙였다. 쉴 새 없이 뭔가에 대해 말을 늘어놓는다는 의미에서 붙인 이 이름은 남을 속인다는 의미까지 내포하고 있다. 제퍼는 이에 대해 "이것은 우리가 태어날 때부터 현재까지 가지고 있는 모든 부정적인 것의 잔해이다."라고 말한다. "그것은 지속적인 관심을 요구하고 어떻게 해야 할지 모르는 우리의 유아적 자아를 가지고 있다." 마음속 의식은 '상위자아' 또는 '수다꾼'으로부터 무분별하게 받는 정보를 무의식에게 전송한다. 우리는 그 정보를 훈련시켜 둘 중 하나만 선택할 수 있다.

당신의 '상위자아'가 의식에게 보내는 긍정적인 메시지에 우선순위를 두자.

평화와 개인의 행복을 달성하는 것은 서양과 동양에 따라 그 의미가 확연히 다르다. 서양에서는 실용적인 측면에서 이를 해석한다. 성공을 성취하고, 사랑받거나 존경받고, 건강을 유지하고, 안정된 풍요를 떳떳이 누리는 것과 같이 개인의 특정 목표를 이루는 것으로 말이다. 반면 동양에서는 물질적인 것을 버림으로써 영혼을 드높이는 것을 뜻한다.

이러한 차이에도 불구하고 미주와 유럽의 긍정적인 생각의 대가들은 동양의 종교와 철학, 특히 베다 힌두교와 불교가 지향하는 많은 원칙과 규범을 받아들이고, 칭송하고, 실천했다. 호흡, 긴장 이완, 집중과 관련한 기법들도 대부분 동양의 영적 전통에서 유래한 것이다. 이 두 문화권의 차이는 명상과 그림 그리기의 실천에서 나타난다.

서양의 정신주의자들은 명상을 한 주제에 대해 흔들림 없이 집중하여 그것을 영상화하는 것으로 본다. 한편 힌두교의 영적 대가들은 명상이란 한 주제에 집중하는 것과 완전히 상반된 개념이라고 주장한다. 다시 말해 명상은 마음을 열어 그 속의 영상이나 생각을 비워 내고 이들 사이에 중립적인 공간을 만드는 것이다. 그 결과 마음의 평온, 즉 신성함과 교감할 수 있는 평화로운 영적 안정감을 얻게 된다.

그러나 아유르베다Ayurveda에서는 각 개인이 자신을 둘러싼 세계와 관계를 맺고 있다는 사실을 간과하지 않는다. 또한 현세의 목표를 달성하기 위해 명상과 그림 그리기를 실천하라고 제안한다. 기본 원리는 무엇이든 행동을 취하기 전에 전략을 수립하는 것이다. 이런 전략 또는 계획은 행동의 목적을 세우기 위한 일종의 자기 자신에 대한 약속 같은 것이다. 우리가 행하는 모든 행동은 어떠한 결과를 추구한다. 물론 사전에 그 결과를 알고 있어야 한다. 영적 평화를 이루기 위함이라면 그 결과는 우리 자신을 위해서나 타인을 위해서나 좋은 것이어야 한다.

인간은 곧 마음속에서 얼마나 열망하느냐이다. _아유르베다

신비학과 철학을 막론하고 영상화와 명상에 관련된 동양의 이론들은 몇몇 기법과 행위를 공유하고 있다. 이것은 다음과 같이 요약된다.

분위기

서구 전통에서와 마찬가지로 명상을 실천하기 위한 최적의 환경은 조용하고 편안한 분위기의 장소이다. 물론 통풍도 잘되고 자연광이 들어오는 곳이어야 한다. 동양에서는 보통 방 안에 암시적인 이미지, 아이콘, 초, 종교 서적, 빛을 내는 구 따위를 걸어 안락한 분위기를 조성한다. 특히 불교의 경우 반투명한 불상을 놓기도 한다.

자세

신체 자세는 동양 명상의 전통적인 기법에서 특히 중요하다. 가장 잘 알려진 자세는 '연꽃 자세'로서 바닥에 책상다리를 하고 앉아 발을 넓적다리에 올리고 척추는 곧게 세우는 것이다. 이집트의 '파라오 자세'는 이미 소개한 바 있다. 이 자세는 의자에 앉아 명상하고자 하는 사람들에게 적합하다. 또 다른 일반적인 자세로는 파탄잘리가 요가 수트라Yoga Sutra에서 제안한 하타요가 자세, 서양에서 널리 사용하고 있는 선불교 자세, 티베트의 쿰니Kum Nye 자세, 구제프Gurdieff 운동에서 사용하는 자세 등이 있다. 특히 마지막 자세는 가상의 기둥을 껴안은 듯한 명상법으로 주로 도교 신자들이 수행한다.

이러한 자세들은 대부분 불편하고 초심자들의 경우 신체적 위험까지 따를 수 있는 것들이다. 따라서 전문가의 도움을 받아 수행하는 것이 좋다. 이러한 자세들은 공통적으로 등과 척추를 곧게 펴는 원칙을 내세우고 있다. 이 자세는 명상과 그림 그리기에 도움이 된다.

개인 태도

명상을 할 때 가장 좋은 태도는 수용적인 관찰자가 되는 것이다. 당신 내면의 마음을 관찰하라. 이와 병행하여 보조 요소들을 명상하라. 모든 잡념은 버려야 한다. 마음이 어떻게 모든 생각으로부터 정화되는

지 느껴라. 백지처럼 완전히 빈 상태가 될 때까지 계속하라. 그러면 원하는 영상을 머릿속에 그릴 수 있을 것이다.

보조 도구

동양의 명상 기법에서는 명상에 들어가기에 앞서 일종의 의식을 행함으로써 마음의 준비를 돕는다. 이를 테면 식물에서 추출한 아로마 오일, 신성한 물을 이용한 정화식, 헌정화, 향 등을 준비하는 식이다. 이것은 집중을 도와주고 명상에 필요한 정신 에너지를 자극시키는 역할을 한다.

앞서 말한 단계에서 도움이 될 만한 다른 요소로 힌두교의 명상기법인 만트라(성음)Mantra를 들 수 있다. 가장 많이 사용되는 성음은 '옴OM'으로서 자음 'ㅁ'을 길게 소리 내면 된다. 물론 다른 음운이나 낱말들도 있는데, 대부분 산스크리트어에서 차용한 것이다. 한편 불교신자들은 명상을 할 때 자신의 심호흡이나 흉식호흡의 도움을 받는다.

시간

깊은 명상은 매일 실천해야 한다. 두 가지 정도의 연습법을 매일 실천한다면 최상의 결과를 얻을 수 있을 것이다. 대략 한 시간이면 매 명상법을 실천하기에 적당하다. 물론 초심자들은 처음 시작할 때 30분 정도만 투자해도 된다. 이후에 명상법을 정복하고 성과를 얻어가면서 점차 시간을 늘리는 식으로 한다.

> 인생은 인생 그 자체이다. 당신은 그것을 바꿀 수 없다.
>
> 그러나 자기 자신을 변화시킬 수는 있다.
>
> _하즈라트 이나야트 칸(Hazrat Inayat Khan)

치유적 그림 그리기를 활용하라

몸과 마음(그리스인들은 이를 육체와 정신이라 하였다)을 분리하는 것은 전통적으로 살과 영혼을 분리시키는 데에서 비롯됐다. 또한 이 두 가지가 본질상 완전히 다른 존재이며 따라서 대립항을 이룬다는 발상에서 출발한 것이다. 오늘날 우리는 몸과 마음이 서로 의존적이며 떼어낼 수 없는 결합체로서 인간, 즉 우리 각자를 구성한다는 사실을 알고 있다.

몸과 마음의 균형은 건강 상태의 기본 요건이다. 둘 중 하나가 불안정하면 나머지 하나도 영향을 받기 마련이다. 이것은 고대 생리학자들이 '담즙'의 성질과 관련해 주장한 진리이기도 하다. 그들은 간을 우울한 기분이나 울화와 같은 감정과 연결 지었다. 또한 고혈압과 관련된 분노와 과열 등을 묘사하기 위해 '피'의 성질을 빗대어 말하기도 했다. 유명한 라틴어 격언 '건전한 신체에 건전한 정신Mens Sana in Corpore Sano'도 같은 맥락에서 이해하면 된다. 현대 의학에서는 정신신체증의 존재를 인정하고 신체적 통증이 환자의 정신 균형에 영향을 미친다는 사실을 받아들인다.

> 그림 그리기는 마음을 통해 건강을 얻는
> 강력한 도구이다. _린다 매켄지(Linda Mackenzie)

몸과 마음은 서로 영향을 주고받음으로써 그림 그리기와 그것의 긍정적인 진동을 치료 수단으로 이용할 수 있는 원동력이 된다. 마음의 조화 그 자체는 신체의 면역기능을 촉진시키는 역할을 한다. 그 뿐만 아니라 구체적인 그림 그리기는 질병을 예방하고, 개선하고, 치료하는 데 효율적으로 작용한다. 린다 매켄지 박사는 이 과정의 이유를 이렇게 설명한다.

> 치료 요법에서 긍정적인 영상화를 반복해서 이용하면 몸과 마음이 결합될 수 있다. 이에 따라 몸과 마음이 힘을 모을 때 신체적인 치유가 가

능한 것이다. 긍정적인 영상을 떠올리면 긍정적인 감정이 생성되고 이는 신체에도 긍정적인 반응을 나타나게 만든다.

이 발상은 너무 간단해 고개를 갸우뚱하게 만든다. 아무리 구체적인 생각을 반복적으로 한들, 그게 과연 우리 건강에 긍정적인 영향을 끼칠 수 있을까? 매켄지는 이것을 내분비학이라는 과학적 분야의 관점에서 설명한다. 그녀는 일례로 두려움의 감정을 부신 샘에서 분비되는 아드레날린과 연관 짓는다. 우리가 두려움이나 긴장감 또는 스트레스를 겪지 않을 때에는 몸에서 아드레날린이 분비되지 않는다. 물론 이것과 상반된 반응도 있다. 아드레날린이 없다면 우리는 이러한 감정을 느끼지 않는다.

시상하부는 우리의 몸 안에서 일어나는 여러 현상을 관장한다. 뇌수의 하단부에 위치한 시상하부는 순환계, 호흡계, 소화계와 같은 자율신경계를 조절한다. 또한 부신과 뇌하수체, 식욕, 체온, 혈액 내 당도 등을 조정하는 역할을 한다. 시상하부의 또 다른 기능은 신경펩티드라고 하는 '메신저' 호르몬의 도움을 받아 몸과 마음 사이에서 기분과 감각을 교류시키는 것이다. 이러한 화학적 매개체는 뇌가 기관, 호르몬, 뇌활동을 통해 몸의 다른 부분들을 인식하도록 해준다. 신경펩티드는 우리 면역체계의 주요 부분에 침투해 몸과 마음이 합심하여 건강을 회복하게끔 만든다.

내분비학은 몸과 마음의 관계가 치유적 효과가 있다는 점을 확증해 준다.

우뇌에 대한 찬양

린다 매켄지는 논란이 된 '두 개의 뇌' 이론의 열렬한 지지자이다. 이 이론이 치유적 그림 그리기에서 얼마나 중요한지를 설명하자면 이렇다.

> 처음에는 뇌가 두 부분으로 나뉜 것처럼 보인다. 논리의 뇌, 즉 좌뇌는 언어, 지식, 이성적 생각을 관장하고, 우뇌는 창의력, 상상력, 직관의 발달과 연관되어 있다. 특히 우뇌는 몸과 마음을 결합시켜 원하는 것을 이루게끔 해준다. 또한 당신을 곧바로 목표로 향해 돌진하게 만든다. 생각하지 마라. 그냥 이루고자 하는 바를 완전히 받아들여라. 판단하지 말고 그것을 이루기 위해 행동하라. 이런 이유로 그림 그리기는 논리적이고 이성적인 좌뇌가 아닌 창조적인 우뇌에서 이루어진다.

매켄지는 그림 그리기를 최대한 효율적으로 할 수 있는 몇 가지 방법을 생각해 냈다. 그것은 당신을 신체적으로나 심리적으로 불편하게 만드는 것들을 잘 통제할 수 있게 도와줄 것이다.

1. 목표를 명확하게 정하라

그림 그리기를 할 때는 먼저 달성하고자 하는 목표를 분명히 해야 한다. 당신의 몸은 당신의 진동이 주문하는 대로 반응한다는 사실을 명심하라. 따라서 목표를 설정할 때는 다음의 요건들을 충족시켜야 한다.

- 분명할 것
- 구체적일 것
- 달성 가능할 것

그리고 목표를 이루었을 때의 기분을 느끼고 믿어라.

2. 책임을 져라

그림 그리기를 책임감 없이 하는 것은 무의미하다. 이는 이미 입증된 사실이다. 원하는 것을 이루기 위해서는 책임을 지고 행동해야 한다. 매일 아침저녁으로 하는 일반적인 그림 그리기는 보통 6개월이 걸린다. 처음부터 성과를 거두는 사람들도 있지만, 저마다 서로 다른 몸과 마음을 가졌기 때문에 정보를 처리하는 데 필요한 시간과 방법도 다르다는 사실을 기억하라. 그러니 인내심을 가지고 다음의 책임을 준수하라.

- 스스로에게 일관된 태도를 견지한다.

- 약속을 하고 지킨다.

- 규칙적으로 그림 그리기를 실천한다.

- 인내심을 가지고 꾸준히 한다.

- 마음을 편하게 갖는다.

- 마음이 편해야 무의식에 직접 다가갈 수 있다는 사실을 잊지 않는다.

3. 그림을 올바르게 그려라

치유적 그림 그리기는 비교적 간단한 과정이다. 적절한 영상을 정하고 나면 마음속에 그것을 재현하는 단계로 넘어가면 된다.

- 목표에 집중하거나 그것을 크게 외친다.

- 눈을 감고 상상한다. 이때 치료 단계 또는 이미 당신의 문제를 치유한 단계를 따른다.

- 몸이 당신에게 어떻게 건강을 전달하는지 관찰한다.

- 신체적 건강과 마음의 평안을 느낀다.

- 이제 건강하다고 스스로에게 주문한다.

4. 실패하더라도 좌절하지 마라

창조적 상상력을 이용해 몸의 세포가 치유되어 가는 모습을 그려라. 또는 면역체계가 침입자와 싸우고 있는 모습을 떠올려라. 이외에도 올바른 영상화를 위해 외부적인 방법을 사용할 수 있다. 예를 살펴보자.

- 아주 아름답고 고요한 풍경 속의 건강하고 행복한 자신의 모습을 그린다.
- 그림 그리기에 관한 체험담이나 자기최면과 관련된 책을 읽도록 노력한다.
- 자신의 목소리가 녹음된 것을 보조도구로 이용한다.

> 그림 그리기의 핵심은 감정과 감각
> 그리고 영상을 연결 짓는 것이다. _제럴드 엡스타인

그림 그리기의 치유적 효과를 보다 심층적으로 보기 위해 다시 엡스타인 박사의 지식과 경험을 살펴보겠다. 엡스타인은 그의 저서와 기고문에서 자신의 신념, 즉 마음의 에너지가 여러 육체적 고통을 치료하거나 상당 부분 개선할 수 있다는 믿음을 드러냈다.

서구 의학에서는 마음이 몸을 바꿀 수 있다는 사실을 그리 달갑게 받아들이지 않는다. 그러나 그 반대의 것, 즉 몸이 마음을 바꾼다는 것에

대한 믿음은 강하다. 그래서 이러한 연결 구조를 자주 이용하는 것이다. 안정제, 항우울제, 마취제 등이 그 예이다. 몸이 마음에 영향을 준다는 것이 분명하다면, 의지나 상상력 같은 마음의 힘을 사용하면 몸에 영향을 미친다는 생각도 해볼 수 있지 않을까?

지난 15년 동안 의사로 일하면서 저자는 마음이 몸에 미치는 영향력뿐만 아니라, 그림 그리기가 몸을 낫게 할 수 있다는 점도 확인할 수 있었다.

이와 비슷한 모든 작용들이 그러하듯이 치유적 그림 그리기는 그 목적이 예방에 있든 치료에 있든, 마음의 영상을 불러내거나 만들어 낸다. 다시 말해 객관적인 현실에 비추어 보면 허구적인 방법 같지만 개인의 주관으로 보면 현실적이다. 또한 세상에서 물질적으로 발생하는 모든 사물이나 사건의 특징을 가지고 있지만, 크기나 부피 또는 실체는 없다. 최근 들어 사용되는 표현에 따르면, 그림 그리기는 가상Virtual의 영상으로서 무형의 정보 네트워크에서 우리가 보고 만들 수 있는 이미지와 유사하다.

그러나 이 가상의 영상은 에너지를 가지고 있다. 정확히 말하자면 영상이 재현하는 것과 일치하는 진동을 발생시키기 위해 우리 마음의 에너지를 끌어당긴다. 한편 마음을 통해 이러한 진동을 우리가 치료하고 싶은 몸의 부위로 가져갈 수도 있다. 예를 들어 당신이 감기에 걸렸다고 가정하자. 호흡계(코, 목구멍, 기관, 폐 등)를 머릿속에 떠올리면 원래 상태를 회복하고 열이 사라질 때까지 그것을 막고 있던 점액, 통증, 조직 내 염증 등이 사라지는 것을 볼 수 있다.

물론 그 순간에 몸에서 똑같은 반응이 실제로 일어나고 있는 것은 아니다. 하지만 의식적으로 꾸준히 그림 그리기를 반복한다면, 이런 효과는 당신이 생각하는 것보다 더 짧은 시간 내에 몸에서도 이루어질 것이다. 이것이 효과적으로 나타나려면, 제럴드 엡스타인의 조언을 따르는 것이 좋다.

> 치유적 그림 그리기를 위한 마음의 준비에는 네 가지 요소가 있다. 처음의 두 가지는 그림 그리기를 실천하는 것과 연관되어 있다. 나는 이것을 '의도'와 '안정화'라 부른다. 나머지 두 가지는 그림 그리기의 전반적인 치유효과와 관련이 있다. 이것은 각각 '정화'와 '변화'이다.

이어서 그의 책 『치유적 그림 그리기』에서 저자가 설명하는 네 가지 요소에 대해 간략히 소개하겠다.

의도

그림 그리기는 직간접적으로 의도와 관련이 있다. 의도는 우리의 주의력과 행위를 통솔하는 마음의 행동이다. 주의력은 우리의 생리계를 통해 발산되는 욕구의 적극적인 표출이다. 이것은 신체적이든 정신적이든 종종 행동으로 나타나기도 한다. 한마디로 의도는 우리가 이루고자 하는 것이다.

이것이 그림 그리기, 그리고 치료와 무슨 관련이 있을까? 우리가 그림 그리기를 실천할 때는 항상 먼저 우리의 의도가 무엇인지 명확히 파악해야 한다. 예컨대 부러진 뼈가 낫길 바란다면, 머릿속에 그림을 그리기 전에 우선 스스로에게 큰소리로 연습의 목적이 뼈가 다시 붙는 것이라고 말하라. 이는 내면을 교육시키는 것과 같다. 마음이 현재 진행 중인 행위에만 몰두하도록 도와주는 일종의 정보성 프로그램인 것이다. 앞으로 할 일에 대해 구체적으로 스스로 말하고 이에 대한 확신을 가진다면, 그림 그리기에서 성공할 확률이 높아진다.

'의지'는 의도의 본질적 특성이다. 의도가 의지에 달려 있기 때문이다. 의지는 바로 우리의 의사결정을 도와주는 촉진제이자 동력이다. 우리에게 의지가 있다면, 의도도 가지고 있는 셈이다. 따라서 의도란 유도된 의지이며, 그림 그리기를 통한 자기 치료와 관련된 모든 것에 필수적이다. 우리는 의도를 이용해 의지를 내면으로 끌어당긴다. 건강과 만족스러운 삶을 위한 새로운 길을 우리 스스로 발견하기 위해서다. 이를 통해 우리는 자신의 삶의 의식적인 주인이 되는 것이다.

안정화

치유적 그림 그리기에 앞서 마음을 준비할 때 두 번째로 필요한 요건은 엡스타인이 명명한 '안정화'이다. 치료에는 두 가지 형태의 안정이 필요하다. 바로 외적 안정과 내적 안정이다. 외적 안정은 우리가 스스로를 깊이 들여다볼 때 집중할 수 있도록 도와준다. 일상생활에서 발생하는 주의 분산이나 소음 등은 이런 주의력을 방해하는 요소이다. 그림 그리기를 연습하기 위해 수도원이나 동굴 같은 환경을 만들라는 얘기가 아니다. 단지 우리를 방해하거나 불안하게 만들지 않는 고요한 환경을 조성해야 한다는 것이다.

고요함은 반드시 절대적인 침묵을 뜻하진 않는다. 어떤 종류의 소음은 내적 안정에 도움이 될 수 있다. 예컨대 새가 지저귀는 소리, 빗물이 떨어지는 소리, 또는 북적거리지 않는 곳에서 들리는 사람 목소리 따위 등이다. 이런 소음에 방해받지 않거나 특별히 신경 쓰지 않는다면, 이것 또한 연습의 일부분이 될 수 있다. 소음에서 멀어지려고 지나친 노력을 하다 보면 오히려 그것에만 주의를 빼앗겨 제대로 그림 그리기 연습을 할 수 없게 된다.

긴장 이완Relaxation은 안정화의 내적 요소이다. 엡스타인 박사는 이것을 인정하면서도 명상적 이완이나 깊은 긴장 이완이 치유적 연습법에서는 적절하지 않을 수 있다고 경고한다. 긴장 이완을 하려다 도가 지나치게 되면 집중력이 떨어지고 졸리게 된다. 따라서 그림 그리기 과정에 둔해질 수 있다. 그림 그리기의 목적은 긴장 이완이 아니라 상상하고 주의를 환기시키는 것이다. 어찌 됐건 적절한 긴장 이완은 편안하고 긴장이 없는 상태에서 그림 그리기를 하기 위해 필요하다.

치유적 그림 그리기는 분명한 의도와 의식적이고 차분한 집중을 요한다.

치유적 그림 그리기와 관련하여 엡스타인 박사가 역설한 나머지 두 가지 요소는 그가 이른바 '정화'와 '변화'라고 이름 붙인 것들이다. 이 요소들은 신체적 통증 또는 장애를 없애고자 하는 단순한 의도 이상의 것이다. 여기에는 가치, 행동, 개인 습관 등이 작용한다. 이러한 요소들을 간과하면 그림 그리기를 통해 얻고자 하는 바가 모두 실패로 돌아가게 된다.

정화

제럴드 엡스타인는 이 문제를 다루면서 고대 동서양 의학은 대부분 정화를 치료의 한 과정으로 이용했다는 점을 상기시킨다. 여기서 정화란 치료적인 목적으로 또는 일종의 의식으로서 몸을 씻는 것을 말한다. 이집트 문화, 로마와 아랍의 목욕탕, 유대인의 미크바(정화수)Mikvah 의식, 유럽의 온천, 오늘날의 스파 등에서처럼 말이다. 종교적 차원에서, 우리는 익히 기독교 신자들이 세례수를 새로운 신자의 영혼을 정화하기 위한 상징으로 사용한다는 것을 알고 있다. 여기에는 몸을 머리부터 발끝까지 물에 담그는 침수 세례도 포함된다.

몸과 마음의 관계를 연구하기 위해서는, 둘 사이의 관계가 형성되려면 우선 각각 깨끗해야 한다는 점을 받아들여야 한다. 다시 말해 몸을 청결하게 하고 마음을 평안하게 하는 것이다. 몸이 깨끗하면 위생적으로 여러 이점이 있다는 것은 이미 잘 알려진 사실이다. 차분하고 관대한 행동이 정신적 건강에 이로움은 두말할 나위 없다. 제럴드 엡스타인도 이러한 원칙을 지지하며 아래와 같이 말한다.

내가 정화가 그림 그리기에 필요하다고 할 때는 당연히 신체적 위생 이상의 것을 말하는 것이다. 설교할 생각은 아니지만, 나는 건강하다는 것이 모든 의미에서 깨끗하다는 것과 동일하다고 주장하고 싶다. 윤리적인 고찰을 하자면, 우리는 스스로에게 이런 질문을 할 필요가 있다. "우리는 타인과의 관계에서 얼마나 깨끗한가?" 많은 사람들은 건강을 개인의 자산이라 여긴다. 그런데 질병과 부적절한 행동 간의 관계를 보지 못할 경우 스스로를 속이는 꼴이 된다. 우리 모두에게 있어 도덕적 또는 윤리적 실수는 우리의 몸을 통해 기록되어 있고 따라서 우리의 신체적 및 정신적 활동에 부정적으로 작용할 수 있다.

요약하자면 우리 스스로 마음의 에너지를 통해 치료하고자 한다면, 먼저 '자신의 행동을 씻는 것'부터 시작해야 한다. 이 정화 행위는 그림 그리기 이전에 해야 할 의식적이고 자발적인 행동 중 하나이다. 정화는 곧 내부적으로 엄격한 시험을 치르는 것이다. 또한 우리의 몸과 감정이 우리에게 무엇을 말하는지 듣고 이해하기 위해 마음을 여는 것이다. 제럴드 엡스타인의 말을 들어보자.

영상을 사용함으로써 우리는 뭔가 잘 되지 않는다는 생각을 지우고, 자신의 문제를 해결하고, 자기 파괴적인 습성을 밖으로 내몰 수 있다. 그러면 비로소 자신의 고통에 대처하고 치유할 수 있을 것이다. 정화는 치료의 일부분으로서 이 둘은 함께 건전한 습관이 새로 생겨나는 공간을 만들어 준다. 동시에 새롭고 긍정적인 발전을 가져다준다.

변화

엡스타인이 제시하는 마지막 네 번째 요소는 변화이다. 우리가 변한 다는 것이 아니라, 계속해서 나타나는 변화를 받아들이고 삶이 흐르도 록 내버려둔다는 뜻이다. 변화를 수용하는 것 자체가 변화이다. 사물의 유동성을 인정하도록 만드는 것이기 때문이다. 엡스타인은 '긍정적인 상황'이라고 생각하는 것에 집착하는 것은, 곧 통증이나 고통이 생길 수 있는 가능성을 부인하는 것이라고 했다. 다시 말해 고통을 받아들이고 조정하는 대신, 피하고 싶던 이 나쁜 결과에 속수무책으로 빠지게 되는 것이다.

좋은 상황이 영원하길 바라며 그것에 집착하면 우리에게 신체적 통증으로 발전할 수도 있는 고통과 내면의 갈등만 불러일으키게 된다. 이것은 바로 정신분석학에서 '전환신경증Conversion Neurosis'이라고 부르는 것으로 정신적 외상이나 심리적 장애물을 신체적 고통으로 만드는 것이다. 엡스타인은 이에 대해 이렇게 말한다.

몸과 마음에서의 그림 그리기 작업은 우리로 하여금 스스로의 굴레에서 벗어나 변화와 쉽게 공존하는 진정한 개별적 존재로 거듭나게 해주는 원칙이다. 우리가 물체와 외형에 고정된 세계에서 벗어나기 위해 자신을 단련시킬 때, 그림 그리기는 우리의 건강에 종종 부정적으로 작용하는 억압적 행동이나 자세를 떨쳐내도록 도와준다.

의도, 안정화, 정화 그리고 변화. 이것은 건전한 기분 상태를 구성하는 요소이다. 당신이 어떤 고통이나 문제를 치유할 목적으로 이 요소들을 사용하면, 점차 건강하고 자유로운 사람이 될 뿐만 아니라 인생의 무수한 가능성을 경험할 준비 태세를 갖추게 될 것이다.

당신의 몸과 마음이 건강하다면, 이제 영혼을 치유할 때이다. _플라톤

애정 생활을 개선하라

사랑하고 사랑받을 수 있는 것. 이는 안정되고 행복한 삶의 필수 조건이다. 유아기 때부터 우리는 부모, 형제, 조부모, 기타 친척 등 가까운 사람들로 둘러싸여 있고 이들과 다양한 방식의 애정을 나눈다. 이러한 가족 중심의 애정 관계는 점차 친구, 동료, 또는 선생님 등으로 확대된다. 개개인의 상황이나 분위기에 따라 애정 관계에 포함시킬 수 있는 사람들은 다를 수 있다. 그러나 이러한 애정 관계가 늘 조화로운 것은 아니다. 우리는 가족 구성원 중 누군가의 사랑은 적게 받고 있다고 느낄지

도 모른다. 또는 자신이 주는 만큼의 관심을 친구로부터 받지 못할 수도 있다. 반대로 자신에게 애정을 쏟는 사람들에게 관심을 두지 않는 경우도 있다.

우리가 사랑을 할 때 이 모든 세계는 무의식적으로 활동하게 된다. 애정생활에서 가장 큰 충돌이 일어나는 부분은 바로 애착이다. 이것은 오직 단 한 사람에게 모든 사랑과 관심을 쏟고 집착하는 것이다. 그 사람도 마찬가지라면, 둘은 흔히 연인이라고 하는 관계를 형성하게 된다. 그러나 만일 그러한 감정을 무시하거나 거부한다면, 둘 사이에는 나락만이 남아 인생에서 사랑이란 감정을 아예 배제시켜 버릴 수도 있다.

다른 부분에서도 그러하듯, 애정 문제는 대부분 다른 사람의 잘못이 아닌 바로 우리 자신 때문에 발생한다. 우리 머릿속의 부정적인 생각, 부족한 자신감, 자멸적인 태도 이 모두가 우리의 매력을 가감하고 애정을 올바르게 표현하지 못하게 만드는 요인이다. 그러나 사랑을 받지 못하는 것이 성격의 전부를 결정짓지는 않는다. 우리에게는 자신도 모르는 또 다른 존재가 있다. 이 존재는 스스로를 믿고, 사랑하고, 사랑받을 줄 안다. 또한 남들로부터 존경받고 사랑받을 가치가 있다고 생각한다. 바로 잠들어 있는 우리 마음의 에너지를 통해서만 드러나는 존재이다.

인생이 우리에게 어떤 것을 준다 한들,

사랑받고 있다고 느낀다면 그냥 견뎌라. _어슐러 마크햄

앞서 영국의 치료학자 어슐러 마크햄을 소개한 바 있다. 그녀의 저서 『해답은 당신에게 있다』에서 애정 문제를 다룬 장을 살펴보기로 하자.

사랑. 이것은 분명 모든 것 중 가장 긍정적인 감정임에 틀림없다. 사랑은 우리를 신체적으로나 감정적으로 좋은 상태를 만들어 준다. 사랑의 형태는 무수히 많다. 그리고 어느 하나 중요하지 않은 것이 없다. 모든 종류의 사랑을 경험할 만큼의 행운을 누리지 못할 수도 있지만, 우리 주위에는 사랑이 넘쳐난다. 우리가 사랑을 주면 줄수록, 더 많은 사랑을 받게 된다.

마크햄은 우리가 받는 사랑은 적절히 표현되어야 한다고 주장한다. 공평하게 사랑을 되돌려 받으려면 말이다.

우리 주변의 사람들이 우리를 사랑한다는 것을 알지만, 이 감정이 표현되지 않는다면 그것에 대해 의심을 품고 부정적으로 바라볼 수도 있다. 이러한 점을 고려할 때, 우리가 사랑하는 사람에게 그 사실을 알려주는

것은 매우 중요하다. 말이나 몸짓으로, 또는 관심과 시간을 쏟아 부어
표현하자.

마크햄은 마음 에너지 분야의 전문가로서 그림 그리기를 할 때 이 에
너지를 사용한다. 그녀의 제안을 다음에 글로 풀어 놓았다.

어슐러 마크햄의 사랑을 위한 그림 그리기

긴장을 푸는 과정에서 마음이 유아기 때로 돌아가 그 당시 내가 느꼈던
사랑을 떠올리게 한다. 아마도 가족 구성원이나 집에서 기르던 애완동물
에 대한 사랑이었을 것이다. 또는 장난감이나 곰 인형에게서 느꼈던 사
랑일지도 모른다. 어렸을 적엔 그 사랑을 되돌려 받는 것에 대해 생각해
보지 않았다. 그래서 그저 무조건적으로 사랑을 주곤 했다. 이제 따뜻하
고 부드러운 이 감각이 나를 온통 감싼다. 나는 예전이나 지금이나 같은
사람이지만, 아직 줘야 할 사랑이 많다.

내 인생에서 사랑을 받은 적도 있다. 부모님, 가족, 친구, 또는 정서적 관계
에서 받은 사랑이었다. 내게 사랑을 베푼 사람들이 지금 내 곁에 있든 없
든, 그 사랑은 변하지 않았고 계속해서 내 주변을 맴돌고 있다. 나는 내게
애정이라는 감정을 느끼게 해준 그들의 사랑을 기억한다. 서로 멀리 떨어
져 있어 만날 수 없다는 이유로 사랑하지 않는다면 그것은 말이 안 된다.

사랑받는다는 느낌이 중요하다는 것을 알기에 나는 언제나 사랑하는 사람들에게 내 감정을 표현할 것이다. 말로 직접 이야기하거나 몸짓으로 보여줄 것이다. 아니면, 항상 내 시간을 그들에게 투자하고 관심을 아끼지 않을 것이다. 내가 사랑을 많이 주면 줄수록, 사랑을 되돌려받을 가능성도 크다.

나는 자신을 사랑하는 것도 잊지 않겠다. 이것 또한 매우 중요한 사랑의 형태이기 때문이다. 그러나 그것을 잊고 지내는 경우가 많다. 다른 사람들과 마찬가지로 나도 단점이 많다는 것을 안다. 그러나 우리는 완벽한 것만을 사랑하진 않는다. 진정한 사랑은 무조건적이며 대상의 결함을 중요시하지 않는다. 따라서 나는 결점투성이인 나를 사랑할 수 있다. 나를 사랑하면, 좋지 않은 나의 모습을 고쳐나가는 데 더 큰 자신감이 생길 것이다.

앞으로 내 인생에서 무슨 일이 일어나더라도 나는 항상 이 여분의 사랑, 바로 나 자신에 대한 사랑과 조건 없이 줄 사랑을 가지고 있을 것이다. 이는 부정적인 상황에 대처하고 긍정적인 상황을 이끄는 데 도움이 될 것이다.

저자는 이런 그림을 그릴 때 다음과 같은 선언문을 같이 낭독하라고 제안한다.

- 나는 사랑받는 것이 뭔지 안다.
- 나는 나 자신을 사랑한다.
- 나는 할 수 있는 한 늘 사랑을 줄 것이다.
- 나는 내가 사랑하는 사람들에게 말과 행동으로 표현할 것이다.

사랑을 많이 주면 줄수록 더 많은 사랑을 받게 될 것이다.

이미 언급한 바 있는 심리학자 수잔 제퍼는 우리가 사랑하고 사랑받겠다는 목표를 매일 떠올리고 유지할 수 있는 아주 실용적인 방법을 제안한다. 이 목표만 기록하는 다이어리나 수첩을 사용하는 것인데, 매일 채워 나가면서 참고하는 것이다.

수첩의 페이지마다 윗부분에 긍정적인 문장 하나씩을 적는다. 이를 테면 다음과 같다.

- 나는 강하다. 나는 사랑할 수 있다. 그러므로 나는 두려울 것이 없다.
- 나는 책임감 있게 처신한다. 그리고 나 자신과 남들에 대한 사랑을 가지고 행동한다.
- 사랑은 내 삶이다. 그래서 삶의 모든 부분에 사랑을 쏟는다.
- 나는 내 영혼이 발산하는 힘과 사랑을 느낀다.

이런 문장은 언제든지 바꿀 수 있다. 그 아래에는 고정된 표현들을 적는다. 제퍼는 이렇게 제안한다. "나는 매사에 최선을 다한다. 나는 중요한 사람이다. 따라서 결과를 생각하여 행동한다." 또 그 아래 이렇게 적는다. "내 삶은 풍요롭다."

아까 말한 방법을 다시 살펴보자. 수첩에 당신이 매일 일깨우며 실천해야 할 항목들을 적는다. 다음은 이 항목들을 정리한 목록이다.

- **정신적 성장** 이 항목에는 하루 일과 동안 하고자 하는 과제를 적는다. 그림 그리기나 선언문 낭독 등이 그 예이다.

- **사랑** 풍요로운 애정 관계를 위해 해야 할 일을 기록하는 난이다. 애인을 저녁식사에 초대한다든지 기념일 선물을 챙기는 일 따위가 이에 해당한다. 세탁소에서 깨끗해진 옷을 찾아오는 일도 포함된다.

- **가족** 어머니에게 꽃 한 다발을 보내거나 생일을 맞은 이모에게 전화를 걸어 본다. 또는 한동안 챙기지 못한 조카에게 이메일을 쓴다.

- **친구** 친구 중 하나에게 선물할 책을 고르고 또 다른 친구와는 점심 약속을 한다. 매주 또는 매달 정기 모임을 만들고, 어려움이 있는 친구들에게 전화를 걸어 도움을 주거나 기운을 북돋아준다.

- **자기 계발** 요가 수업이나 어학 강좌를 등록한다. 또는 추천받은 책을 읽거나 규칙적으로 운동을 하고 필요할 경우 다이어트를 시작한다.

- **혼자만의 시간** 관심 분야의 책이나 글을 읽는다. 좋은 음악을 듣거나 편안한 목욕을 즐긴다. 좋았던 기억을 회상하거나 긍정적인 생각을 해도 좋다. 차를 만들거나 아무 생각 없이 누워 쉬는 것도 한 가지 대안이다.

- **커뮤니티에 기여하기** NGO나 자선 단체를 돕는다. 이웃 모임에 참석하거나 제3국에게 기증할 옷을 준비한다. 또는 헌혈을 한다.

- **일** 다이어리에 기록하듯, 이 항목에서는 직업적으로 해야 할 일을 적는다. 좋은 일이 생긴 동료들을 축하하는 분위기를 조성하거나 간식으로 빵을 준비한다.

- **오늘의 주의사항** 다소 위험할 수 있으나 감수할 준비가 된 결정이나 활동을 기록한다. 일이 잘 풀리도록 최대한의 예방책을 적어 본다. 반대의 경우에 대비해 해결책도 생각해 본다.

- **오늘 감사할 일** 건강, 남들로부터 받은 사랑, 무사히 지나간 하루, 좋은 일이 많았던 하루, 내가 사랑하는 그 사람……. 이 모든 것이 감사의 대상이다.

저자는 수첩의 각 페이지 하단에 가로표를 그려 18점까지 점수를 매기도록 해놓았다. 왼쪽에는 '고통', 오른쪽에는 '힘'이라고 쓴다. 수잔 제퍼의 철학에 따르면 '고통'은 부정적인 생각, 장애물, 자기파괴적 행동 등을 의미한다. '힘'은 정반대이다. 힘은 자신의 삶과 운명을 정복하기 위해 우리가 터득한 능력이다. 또한 애정 관계나 기타 인생에서 중요한 모든 부분을 풍요롭게 해주는 긍정적인 마음의 에너지를 의미한다.

따라서 첫째 날에는 왼쪽, 즉 출발점에 'X' 표시를 한다. 애정 생활이 점점 개선된다고 느끼면, '고통'에서 멀어지면서 '힘'에 가까워질 것이다. 이렇게 해서 오른쪽 끝까지 가게 된다. 이러한 발전이 언제 그리고 왜 이루어진 것인지는 철저히 당신의 평가에 달렸다. 이때 성급히 판단하거나 스스로를 속이려고 하지 마라.

주의 문구점에 가면 이런 식의 메모를 할 만한 수첩을 쉽게 찾지 못할 것이다. 그렇다면 당신이 직접 수첩을 만들면 된다. 복사기나 프린터를 이용해서 원하는 만큼 사본을 가질 수도 있다. 다음 페이지에서 수잔 제퍼가 고안한 모델을 소개하겠다. 그녀의 저서『두려움을 느끼자. 그리고 어쨌든 해내자』에도 나오는 것이다.

실망하는 독자들이 있을지도 모르겠지만, 이 책에서는 기적적인 방법을 제시하지는 않는다. 이를테면 '나를 사랑하지 않으려는 사람이 나를 사랑하게 만드는 방법' 따위 말이다. 만일 이런 마법 같은 도구가 있다면 당신의 힘은 거짓일 것이다. 인간으로서 스스로 사랑받으려는 노력을 더 이상 하지 않을 테니까. 또 다른 사람들은 당신의 외형만 보

오늘의 선언문 1

나는 강하다. 나는 사랑할 수 있다. 그러므로 나는 두려울 것이 없다.

> 나는 매사에 최선을 다한다. 나는 중요한 사람이다.
> 따라서 결과를 생각하여 행동한다.

내 삶은 풍요롭다

정신적 성장

사랑

가족

친구

자기 계발

혼자만의 시간

커뮤니티에 기여하기

자유 시간

일

기타

오늘의 주의 사항

오늘 감사할 일

나의 위치는 어디인가?

• •

고통   힘

고 사랑하게 될 것이다. 이것은 의지가 없는 사랑이요, 진정한 의미의 사랑이 아니다. 다행히 감정의 본질을 거스를 수 있는 마법이나 점괘는 없다.

누군가 당신에게 끌려 당신의 있는 그대로를 사랑하길 바란다면, 매력적으로 보이도록 노력하는 방법밖에 없다. 이것은 외형적인 측면만을 뜻하지 않는다(물론 외모를 가꿀 필요는 있다. 특히 사랑을 구할 때는). 당신의 성격, 장점, 그리고 계속 발전 중인 감정 모두 고려해야 한다. 당신이 적절하게 자신의 사랑을 표현하고 자신을 내보인다면, 그 사람도 당신의 매력을 알아줄 것이다.

자기 자신을 건전하게 사랑하고, 자신의 마음과 영혼을 배양하고, 올바르게 몸과 마음을 가꾸는 사람만이 사랑하고 사랑받을 자격이 있다. 적어도 우리가 삶에서 추구하는 가장 완벽한 감정인 강렬하고 깊은 사랑만 있으면 된다.

> 먼저 자기 자신과의 관계를 회복하지 않는다면
> 아무것도 이룰 수 없다. _로마 베토니(Roma Bettoni)

베토니 박사는 긍정적인 에너지와 감정적 지능을 이용하여 우리의 부정적인 측면을 다루는 데 경험이 풍부하다. 이 주제와 관련한 저서에서 그녀는 애정 및 감정 관계에서 자긍심의 중요성을 이렇게 역설한다.

자신에 대한 사랑은 책임감 있게 그리고 성실하게 행동하는 것을 뜻한다. 다시 말해 몸과 마음과 영혼을 가꾸고 감정에 신경 쓰는 것이다. 스스로를 사랑하는 것은 곧 사고와 언행의 일치를 의미한다. 가지려고 하기 전에 되려고 하고, 한계를 느끼지 않으면서 자기 계발에 매진하며, 용서하고 용서받으며 살아가는 것이다. 또한 두려움이나 죄책감을 느끼지 않고 충만하게 사는 것이다.

모두들 저자가 제안하는 이 충만한 영상에 공감할 것이다. 그러나 그것을 이루기 어려울 것이라 느낄지도 모른다. 우리는 스스로의 단점과 한계 또는 부족한 부분을 잘 알고 있고 결코 그것을 극복하지 못할 것이라 생각한다. 이렇게 불완전한 우리 자신에게 어떻게 사랑을 느낄 수 있을까? 이런 부정적인 모습에도 불구하고 자긍심을 키울 수 있을까? 로마 베토니는 그 해답을 알고 있다.

스스로를 사랑하는 것은 스스로를 받아들이는 것과 같다. 그러나 허락을 받을 필요는 없다. 사람이 객관적인 시각으로 자신의 본질에서 싫어하는 면 또는 바람직하지 않다고 여기는 것을 고칠 방법을 찾으려 한다면, 자신을 있는 그대로 받아들일 수 있다. 나는 감정적으로 건전한 사람은 바로잡을 수 있는 것은 바로잡고, 바꿀 수 없는 것은 받아들여야 한다고 생각한다. 그러나 한 가지 짚고 넘어가자. 무조건적으로 수용해야 하는 것은 의지로 바꿀 수 없는 것(가족 내 서열, 출생지, 키, 피부의 반점 등)이다. 그 외의 부분에서는 고치며 발전시킬 책임을 짊어져야 한다.

먼저 수용하고 나중에 바꾸는 것은 각자의 의무이다. 이를 테면 영성靈性을 얻고, 문화적인 소양을 쌓고, 부정적이거나 폭력적인 감정을 극복하고, 원한을 만들지 않기 위해 용서하고, 충분한 물질적 만족을 달성하는 것 등이다. 스스로를 분석하고, 필요할 경우 비평하는 것은 실수를 맥없이 받아들이기 위해서가 아니라 바꾸고 변화시켜 더 나은 자신과 환경을 만들고자 함이다.

이러한 변화를 얻기 위해 필요한 수단에는 어떤 것이 있을까? 베토니의 말에 따르면, 우선 자신에 대한 사랑이 부족하지는 않은가에 대한 분석을 해야 한다. 다음의 지표들을 참조해 보라.

- **불균형한 식습관** 비만, 거식증, 과식증
- **인간관계의 문제** 일을 맡기 어렵다, 남들과 교류하거나 의사소통하는 것이

힘들다.

- 신체적 장애, 만성 질병
- 마약 중독, 알코올 중독, 흡연
- 일 중독, 지나친 활동이나 운동
- 충동 구매, 도박, 섹스, 사랑
- 애인, 가족, 친구 등 타인에게 의존

이런 상황 중 하나 이상에 해당한다면, 당신은 사랑하기 위해, 무엇보다 사랑받기 위해 그것을 극복하기 위한 자신과의 싸움을 해야 할 것이다. 우선 달성해야 할 목표를 설정하고, 의지와 마음의 에너지를 사용해야 한다.

베토니는 효율적인 목표의 요건을 다음과 같이 정리한다.

- **단순할 것** 복잡한 과제라면 더 작은 단위로 나눠 단순화시키면 된다. 예를 들어 "내 인생의 사랑을 찾을 거야."라는 목표를 설정했으면, 다시 "자주 외출을 해서 사람들을 사귀어야겠어."라는 작은 목표를 두자.
- **구체적일 것** "더 다정한 사람이 돼야지."라는 일반적인 목표보다 "한 달에 한 번씩 친구들을 집으로 초대해야지."라는 구체적인 목표를 설정하자.
- **구체적인 행동과 함께 시작하라** "사람들의 초대에 더 많이 응대해야겠어."

대신 "다음 주 토요일에 춤추러 가자고 하면, 흔쾌히 수락해야지."라고 말
하자.

- **자신의 가치, 우선순위, 소망을 반영하라**
- **긍정적이되 단호하게 선언하라**

우리의 애정 생활에서 중요한 요소 중 하나는 바로 로맨틱한 사랑 또
는 열정적인 사랑이라고 부르는 것이다. 꼭 플라토닉한 사랑이 아니더
라도 강렬하고 완전한 사랑이면 된다. 이것은 우리가 누군가에 대해 끌
리는 느낌 같은 것이다. 그래서 그 사람과 사귀고 오랫동안 관계를 유지
하여 가족으로까지 발전시킬 수 있는 희망을 품게 된다. 이러한 사랑과
관련해, 당신을 포함한 우리는 각각 다음과 같은 상황에 놓일 수 있다.

1. 당신에게는 행복한 연인이 있고 이 관계가 영원히 지속되길 원한다.

2. 사귄 지 얼마 안 돼 좀 더 진지한 사이가 되고 싶다.

3. 최근에 애인과 헤어져서 사랑하고 사랑받을 새로운 사람을 찾는 중이다.

4. 지금 당신의 관계가 불만족스럽다. 뭔가 변화가 필요하다.

5. 사랑을 줄 만한 사람을 아직 만나지 못했다.

이것을 간단히 설명하자면, 1번의 상황은 매우 건전하다고 할 수 있

다. 2번과 3번은 긍정적인 반응이지만 문제의 종류가 조금 다르다. 4번과 5번의 경우 노력도 많이 해야 되고 약간의 운도 필요하다. 위의 예시는 결국 당신이 원하는 마음의 평화와 행복을 가져다줄 연인 관계를 찾고, 발전시키고, 개선하는 것이다.

한 사람으로서 발전했고 지금도 발전 중이라고 생각한다면, 이제 로맨틱한 사랑 또는 연인 관계라는 목표를 달성할 단계가 된 것이다. 현재의 사랑에 만족하든 아니든, 또는 아직까지 찾지 못했다 하더라도 그 목표를 성취하기 위해 계속 노력해야 한다. 당신의 도구는 이 책에서 지금까지 제시한 조언들이다. 당신의 행동과 태도를 바꾸기 위해 자신의 감정을 현명하게 다루기만 하면 된다. 그러나 명심하라. 이러한 목표를 이루려면 규칙적으로 그리고 진지하게 그림 그리기를 연습해야 한다.

당신은 인생의 위대한 사랑을 얻거나 확고히 하기 위해 성공적으로 노력할 수 있다.

창조적 그림 그리기를 활용하라

우리는 대부분 하루 종일 일을 하거나 공부를 하면서 보낸다. 두 가지를 모두 하기도 한다. 당연히 이런 시간과 노력의 투자에는 우리가 이루고자 하는 목표에서 응당한 대가를 얻어야 한다. 최종 목표는 직장 내 또는 직업적 성공이다. 이것이 완전히 이루어지려면, 인정받고 존경받아야 한다. 만일 이 중요한 삶의 부분이 그저 그런 상태로 남아 있거나 절망적이라면, 평온과 행복을 성취하지 못할 것이다.

당신이 학생, 전문가, 기업인, 예술가, CEO, 회사원, 자영업자이거나 또는 다른 분야에 종사할지라도 성공을 향한 목표는 모두 비슷할 것이다. 만일 운이 좋아 넉넉하게 살고 있거나 이미 퇴직했다면, 자신을 표출하는 특기나 취미 하나쯤은 가지고 있을 것이다. 뭔가를 잘해서 그것에 대해 인정받는 것 또한 긍정적인 목표이며 완전한 삶을 위해 필요하다. 심리학자들은 이것을 "실행됐다."라고 표현한다. 즉 당신의 삶을 완전히 풍요롭게 만들어 그것을 즐길 수 있음을 말한다.

우리의 직업적 성공은 완전하고 행복한 삶을 이루기 위한 중요한 요건이다.

그림 그리기의 여러 가지 방법 중에서 직장 내 또는 직업적 목표를 달성하는 데 필수적인 역할을 하는 것이 있다. 상상력과 창의력을 이용하여 일에 집중할 수 있는 새로운 방법을 찾고 당면한 문제에 대한 획기적인 해결책을 제시하는 것이다. 이것이 이른바 '창조적인 그림 그리기'인데, 상상할 수 있는 가장 근사한 마음의 에너지를 방출시켜 당신이 사용하도록 만든다. 이러한 그림 그리기 기법은 가게 주인이 아주 독창적인 상점을 내거나, 광고주에게는 효과가 큰 광고를 만들도록 해준다. 또 CEO는 생각지도 못한 효과적인 해결책을 제시하고, 예술가로 하여금 세계적 명성을 얻을 수 있는 기발한 스타일을 찾게 해준다.

창조적인 그림 그리기를 의식적으로 올바르게 이용하는 것은
성공의 문을 여는 열쇠와도 같다. _레메즈 새손(Remez Sasson)

긍정적인 생각과 마음 에너지의 전문가인 레메즈 새손은 창조적인 그림 그리기를 연구했다. 그는 저서, 강좌, 강연 등을 통해 이러한 종류의 그림 그리기가 모든 과제와 활동에 성공을 가져다주는 열쇠라고 강조한다.

창조적인 그림 그리기, 즉 의식적인 소망과 어떤 목표의 영상화는 삶을 변화시키고 오로지 운과 우연에만 의존하던 당신을 완전히 바꿔 줄 것

이다. 어떤 생각이나 행동이 가져올 성공적인 결과를 떠올리고 마음 에너지를 그곳에 집중하면, 그 생각이 당신이 원하는 것을 이루어지게 만들 것이다. 이것은 마법이 아니다. 창조적인 그림 그리기는 선천적으로 타고난 강력한 재능이자 성공을 여는 엄청난 열쇠이다.

우리 모두 어느 정도 이 힘을 가지고 있고 그것을 사용하기까지 한다. 그러나 이것은 대부분 무의식적이며 부정적인 방향으로 이루어지고 있다. 많은 사람들은 대부분 자신의 생각을 조정하지 못하고 시간을 부정적인 생각을 하며 시간을 보낸다. 따라서 인생에서 부정적인 결과를 초래한다. 방법은 한 가지이다. 이 강력한 마음의 힘을 의식하는 것이다. 그것을 분석하고 효율적으로 사용하는 법을 배우자. 그러면 긍정적인 결과를 얻기 시작할 것이다.

새손은 창조적인 그림 그리기가 더 높은 목표를 달성하게 해준다고 주장한다. 하지만 그는 일상생활에서도 이것을 사용하라고 조언한다.

나는 창조적인 그림 그리기가 우리 일상생활에도 도움이 된다는 점을 확인했다. 이것은 모든 일이 많은 에너지를 쏟지 않고도 물 흐르듯 순조롭게 진행되게 한다. 창조적인 그림 그리기는 매일 일어나는 사건들의 전개를 꾸준히 예측한다. 우리는 머릿속에 그리는 일이 좋을 때도 있지만, 때로는 그렇지 않은 경우도 있다. 우리의 생각과 영상에 끊임없이 관심을 가지고 집중하면 확연한 차이를 느끼게 될 것이다.

새손에게 창조적 그림 그리기가 의식적이든 무의식적이든 매일 사용하는 하나의 도구라면, 앞서 말한 차이를 느끼기 위해서는 그것을 제멋대로 두는 것이 아니라 인지하고 정복해야 한다. 일상생활 속 과제를 수행하기 위해서든, 우리가 지향하는 성공과 인정을 누리기 위해서든 말이다.

창조적인 그림 그리기를 통해 풍요, 성공, 금전, 승진, 재화 등을 얻을 수 있다. 물론 하룻밤 사이에 이루어지는 것이 아니다. 마음의 노력과 인생을 대하는 태도의 변화가 있어야만 가능하다. 당신에게 필요한 것은 열린 마음, 집중력, 영상화 능력 그리고 충만한 열정과 끈기이다.

창조적인 그림 그리기를 활용하면 더 높은 수준의 목표를 달성할 수 있다.

미국의 치료학자 앨리슨 그리너Alison Greiner는 창조적 마인드를 기르기 위해 우뇌를 사용하라고 말한다. 단, 저마다 다른 기능을 가진 뇌의 다른 부위도 활용해야 한다고 덧붙인다. 이때 알맞은 영상을 무의식으로 끌어당기는 것이 중요하다.

우뇌와 무의식의 언어는 상상이다. 자신의 목표를 상상하고 영상화함으로써 자신이 가지고 있는 비밀의 에너지에 직접 다가갈 수 있다. 그림 그리기의 초기 단계는 우뇌와 가운데 뇌의 감정적 에너지를 자유자재로 이용할 수 있는 능력과 좌뇌의 이성적이고 합리적인 기능을 조화롭게 만드는 것이다.

뇌는 현실과 환상 간의 차이를 인식하지 못한다. 현재 당신이 상상하는 자신의 모습이 곧 미래의 모습이다. 무언가에 대한 영상을 의식을 갖고 확실히 그린다면, 당신의 뇌는 영상화된 것을 실현시키기 위한 작업에 착수하게 된다.

이상적인 그림 그리기에는 각각 세분화되어 있는
뇌의 세 부분이 모두 사용된다. _앨리슨 그리너

그리너는 마이클 조던Michael Jordan이나 잭 니클라우스Jack Nicklaus

와 같은 유명한 운동선수들이 창조적인 그림 그리기를 자신의 기록과 실적을 향상시키는 데 사용했다고 주장한다. 앨버트 아인슈타인Albert Einstein과 같은 당대 최고의 과학자나 나폴레옹 보나파르트Napoleon Bonaparte처럼 총명한 전술가들도 마찬가지였다. 그러나 그리너는 누구나 그림 그리기를 올바르게 실천하고 할 수 있다는 자신감과 믿음을 가지면 원하는 바를 이룰 수 있다고 말한다.

앞서 그리너는 그림 그리기에서 뇌의 세 부분을 사용할 것을 주창했다. 같은 맥락에서 그녀는 그림 그리기의 다양한 방법을 사용할 것을 권한다. 구체적으로 말하자면, 그녀의 스승이자 긍정적인 마음 에너지 사용 분야의 저명한 전문가인 리 풀로스Lee Pulos 박사가 고안한 여섯 가지 기법을 제안하고 있다.

창조적인 그림 그리기를 위한 여섯 가지 기법

콜라주 기법

다양한 영상의 콜라주를 머릿속에 떠올린다. 영상 속 당신은 자신의 목표를 이루고 있다. 예컨대 목표가 대학졸업이라고 하자. 우선 졸업식 광경을 그려 본다. 졸업장을 받는 모습, 당신에게 악수를 청하는 교수들······. 졸업장을 펼치고 당신의 이름과 학위를 영상화한다. 몇 초간 하나의 영상을 떠올린 후 다른 영상으로 넘어가라. 총 연습 시간은 30초면 된다.

교란 기법

당신의 최종 목표를 떠올린다. 마음속에서 그것이 나타났다 사라지게 하라. 영상이 천천히 나타나게 했다가 좀 더 빨리 그려본다. 영상이 마음속에 확실히 자리 잡을 때까지 속도를 바꾸어 가며 반복한다.

컴퓨터 기법

가운데 작은 점 외에는 아무것도 없는 모니터 화면을 상상한다. 마음의 커서를 그 점에 갖다 댄 후 수천 개의 점을 찍는다. 색색의 점들은 이미 실현된 목표의 영상을 만들어간다.

멀티초점 기법

이마에서 약 2미터 앞까지 당신의 목표를 비추며 발산하는 강렬한 광선을 영상화한다. 새로운 광선이 당신의 심장과 태양신경총에서 뿜어 나오며 각각의 영상을 만들어 낸다. 마음속으로 광선을 하나씩 겹치게 만들어 목표를 3차원 홀로그램 모양으로 만든다.

번개 기법

목표의 현 상태를 떠올린다. 그런 뒤 번개를 영상화한다. 번개는 이미 달성한 목표를 나타나게 해줄 것이다. 이 영상은 빛으로 가득하기 때문에 당신은 생기와 열의로 가득 찬 느낌이 들 것이다. 다시 대학 졸업이라는 목표로 돌아가면, 첫 영상에서 당신은 어려운 시험을 치르고 있는 모습일 것이다. 그런 뒤 갑자기 번개가 졸업장을 받고 있는 당신의 모습을 보여줄 것이다.

안팎 기법

목표를 성찰하고 있는 자신의 모습을 상상한다. 몸에서 빠져나와 목표를 이루고 있는 자신을 밖에서 바라본다. 다시 몸으로 들어갔다 나오는 것을 반복한다. 그러면 주인공에서 단순한 구경꾼으로 바뀌게 된다. 이 연습을 여러 차례 반복하면 무의식은 다양한 프로그래밍 방식을 결정할 수 있게 된다.

> 당신이 되고, 하고, 가지고 싶은 모든 것은
> 창조적인 그림 그리기를 통해 이룰 수 있다. _리 풀로스

어쩌면 창조적인 그림 그리기가 자신을 위한 것이 아니라고 생각할지도 모른다. 상상과 환상의 세계에 들어갈 준비가 되어 있지 않다고 느끼는 것이다. 이것은 당신이 현실에서 해결할 과제와 문제가 너무 많아 이에 압도됐기 때문이다. 한편, 창조적 그림 그리기가 비생산적이라 생

각할 수도 있다. 불필요하게 정신을 분산시키고, 아이들이나 할 법한 일을 어른이 하는 것이라고 말이다. 그러나 오늘 당신에게 버겁게 느껴지는 과제에 대해 새롭고 효과적인 발상을 얻고, 또는 해결해야 할 문제에 대한 놀라운 답을 찾는 곳이 바로 창조적 그림 그리기의 환상 속이다.

공상의 차단

한번은 라디오 프로그램 중 한 곳에서 풀로스 박사가 고안한 그림 그리기의 여섯 가지 기법을 소개한 적이 있다. 잠시 후 화가 잔뜩 난 한 청취자로부터 전화가 걸려 왔다. 그는 자신을 모 기업의 부장이라고 소개했다. 그가 한 말은 이러했다.

"종종 이 프로그램을 듣는데 재미있더군요. 프로그램을 통해서 호흡을 향상하고 스트레스를 받을 때 긴장을 이완하는 법도 익혔죠. 그런데 제발 부탁드립니다. 다시는 그 풀로스 박사의 말도 안 되는 기법은 그만 좀 추천하세요. 나는 성인에다 정신도 똑바로 박힌 사람인데, 대체 어떻게 이마에서 광선을 뿜어내는 상상을 한단 말입니까? 유체이탈은 또 무슨 얘기인지 원."

이 남성은 아마도 일반 사람들이 공상에 대해 흔히 가지고 있는 거부감이 있었던 것 같다. 보통 이런 사람들은 존경받는 인물들이지만 인생의 어떤 변화를 상상하는 것 자체에 대해 마음을 굳게 닫고 있다.

선입견 때문에 영상화 능력을 차단시키지 마라.

그림 그리기의 이용 자체를 거부하거나 보다 복잡한 그림 그리기를 실천하기 꺼린다면, 이는 우리 마음이 가진 진정한 가능성을 묵살하는 것과 같다. 정도의 차이는 있겠지만 우리는 보통 마음이 지능적 능력과 이성적 능력만 가지고 있다고 생각한다. 그 정도 수준에서만 만족하고 사는 것이다. 그러나 보다시피 우리의 마음, 보다 구체적으로 말하자면 우리의 뇌는, 상상, 공상, 창의, 창작 등의 기능을 부여받은 영역이 따로 있다. 대부분 우리가 잘 사용하지 않는 기능이다. 이렇듯 우리는 수면 상태에 있는 많은 에너지를 활용하지 않는다. 그러나 창조적 그림 그리기를 이용하면 이러한 에너지를 깨울 수 있다.

어슐러 마크햄은 이 주제에 정통하다. 그의 전문 분야는 그림 그리기 연구와 적용인데, 그 목적은 진정한 자아실현을 이루게 해주는 창조적 힘을 발달시키는 데 있다. 그의 말을 들어보자.

사람들이 지닌 잠재력은 대부분 여태껏 자신이 활용한 것보다 훨씬 크다. 자신의 능력을 미심쩍어하거나 성공은 '다른 사람'의 이야기라 생각해서일 것이다. 첫 걸음을 떼야 되는데 어쩌면 자신감이 부족해 망설이고 있는 것인지도 모른다. 오직 그림 그리기만이 당신을 도울 수 있다.

이를 통해 학습 능력을 향상시키고, 창의력을 발달시키고, 더 긍정적인
태도를 가지고, 또는 시험이나 운동 경기 등 특정한 상황에서 좋은 결
과를 낼 수 있을 것이다.

마크햄은 저마다 창조적 그림 그리기를 어렵게 만드는 한계점을 가지
고 있다는 점을 인정한다. 그래서 그것을 극복하기 위한 방법으로 상상
하기 연습을 제안한다. 이것은 우리가 시작할 엄두를 못 냈던 첫 단계
가 된다. 첫 단계는 우리가 그림 그리기 기법을 완전히 터득할 때까지
우리를 계속 다음 단계로 이끌 것이다.

창조적인 발전을 원하는 당신에게 도움이 될 만한 그림 그리기 방법
을 소개하겠다. 이것은 누구나 할 수 있는 일종의 명상법이다. 반드시
영감을 얻고자 할 때 사용해야 한다. 그리기, 색칠하기, 글쓰기, 그 밖
에 창의력을 사용하는 모든 활동이 영감이 될 수 있다. 물론 당신이 천
재로 바뀌는 것은 아니다. 또 관련된 기법에서 필요한 기본 지식만 습득
하게 될 것이다. 하지만 장담하건대 당신이 무엇을 하든지 굉장한 만족
감을 느끼게 될 것이다. 또한 지금까지 한 번도 달성하지 못했던 놀라운
결과를 얻게 될 것이다.

어슐러 마크햄의 정원을 산책하며 그림 그리기

나는 지금 평온하다. 나는 행복하다. 이 연습이 내가 원하는 대로 창의력을 고취시켜 준다는 것을 알기 때문이다. 그림 그리기와 이와 병행한 선언문 낭독을 통해 나는 그릴 때 더 큰 영감을 받을 수 있을 것이다. 조각하고, 글을 쓰거나 생각할 때도 마찬가지이다. 나는 내 창작생활에 기쁨과 만족감을 주는 과정을 시작하고 있다.

내 상상력의 힘을 이용하여 방안에 있는 내 모습을 본다. 바로 앞에는 문이 하나 있는데, 나는 그것이 외부로 통하는 것임을 안다. 문을 바라본다. 어떻게 만들어졌는지, 손잡이, 걸쇠, 경첩은 무슨 모양인지 등을 관찰한다. 이제 손을 손잡이로 가져간다. 나는 문을 열고 밖으로 나간다.

나는 정원 속 어느 오솔길에 와 있다. 오솔길은 울타리까지 이어져 있는데, 울타리가 저기 있다는 것은 알지만 내 시야에는 보이지 않는다. 나는 느긋하게 오솔길을 따라 걷기 시작한다. 잠시 멈춰 서서 왼쪽 오른쪽을 둘러보며 내 마음이 만들고 있는 풍경에 빠져든다.

마침내 울타리가 보인다. 느린 걸음으로 울타리로 다가간다. 거기까지 가는 길과 그 기대감을 즐기면서 울타리에 다가간 후 멈춰 그것을 관찰한다. 무엇으로 만들어졌는지, 어떻게 열 수 있는지, 벽이나 철조망 또는 담장에 붙어 있는 것인지 등을 살펴본다. 울타리에 다가가자 흥분이 되기 시작한다. 나는 알고 있다. 앞으로 나아가야 할 창조적 방향에 대해 이제 곧 뭔가 배우게 될 것이란 걸. 한 손을 울타리에 올린 후 그것의 질감을 느낀다. 이제 울타리를 열고 건넌 뒤 잠근다.

(이 시점에서 당신의 상상력을 날아오르게 하라. 그리고 상상이 인도하는 곳으로 몸을 맡겨라. 절대 당신이 조정하려 하지 마라. 그저 당신 앞에 펼쳐지는 영상을 그려라.)

나는 산책과 풍경, 그리고 나를 둘러싼 소리들을 즐기고 있다. 나는 내 상상력이 만들어 낸 특별한 공간으로의 여행을 내가 원하는 만큼 계속할 수 있다는 사실을 알고 있다. 현실로 다시 돌아오려면 심호흡을 두세 차례 한 뒤 눈을 뜨면 된다.

선언문의 예

- 내 상상력은 한계가 없다.
- 나는 늘 내가 원했던 독창적인 사람이 될 수 있다.
- 내 우뇌는 매일 발달한다.

위기의 순간에는 창의력만이 지식보다 빛이 난다. _앨버트 아인슈타인

경제적 부를 추구하라

영적인 것과 물질적인 것은 완전하고 행복한 삶을 위한 요소로서 이 두 가지는 상호 보완적이다. 따라서 인생의 물질적인 측면을 간과하는 정신적 풍요가 있다는 가정은 잘못됐다. 경제적 궁핍과 불안정은 우리가 이루고자 하는 심적, 물적 충만함의 치명적인 적이다. 이것은 불안함과 걱정, 우울과 두려움을 내포하는 상황으로서 우리 자신을 바꾸고 완벽하게 만들고자 하는 모든 변화를 방해한다.

걸칠 옷이 없어도 행복했다는 사람의 일화는 특정 시대나 특정 장소에 적합한 이야기였다. 그러나 물질적인 것이 긍정적 발전의 조건이 되는 현대 서구 사회의 생활 방식과는 맞지 않다. 따라서 우리가 경제적 풍요를 이루고자 하는 것은 정당하다. 또한 경제적 풍요는 인생의 다른 부분에서 성공을 거두는 것을 막는 장애물에서 벗어나기 위해 필요하다. 특히 이 경제적 풍요는 오래 지속되는 확실한 것이어야 한다.

그림 그리기는 경제적 제약으로부터 벗어나는 데 큰 도움이 된다. 하지만 막대한 부나 헤아릴 수 없을 만큼 큰 재산을 거머쥐게 해준다는 보장은 없다. 물질적 재화에 대한 지나친 욕망은 우리가 겪을 수 있는 가장 큰 불행만큼이나 좋지 않다. 특히 우리가 마음의 평정과 영적 평화를 추구할 때 더욱 그렇다.

원하는 것이 성공이라면, 이미 성공을 이룬 자신의 모습을

상상해야 한다. _데어드레 존스(Deirdre Jones)

미국 출신인 데어드레 존스는 성공과 부를 거머쥔 모든 사람들은 한 가지 꿈 또는 비전으로 시작했다고 말한다. 또한 성공한 많은 기업인들이 창조적 그림 그리기를 활용했고, 이것이 개인적, 물질적 부를 얻는 데 결정적인 역할을 했음을 인정한다고 말한다. 그들처럼 되고 싶다면, 존스의 조언을 눈여겨보자.

> 당신은 마음속에 자신의 모습을 떠올려야 한다. 당신이 되고자 하는 승리자의 모습을 한 자신을. 가능한 한 모든 상황에서 이런 영상을 활발히 만들어라. 당신이 원하는 수준의 수입과 이득을 벌어들이는 것을 상상하라. 당신의 사업이 번창하고 재산이 쌓이는 장면을 영상화하라. 이러한 성공이 당신의 삶에 가져다줄 긍정적인 변화도 마음속에 그려본다.

성공을 영상화할 때는 분명한 그림을 그려야 한다. 당신이 이루고자 하는 비전 역시 뚜렷해야 한다. 그러나 성공을 영상화하는 것으로는 충분치 않다는 점을 고려하라. 목표를 달성할 수 있다는 자신감을 가져라. 이것은 핵심적인 개념이다. 의심을 품을 여지가 없는 문제이기도 하

다. 어찌 됐든, 자신을 믿지 않으면 누가 당신을 믿겠는가?

자신의 목표를 이룰 수 있는 가능성에 대한 신념과 자신에 대한 믿음은 모든 그림 그리기에 공통적으로 적용된다. 그러나 특히 이 목표가 성공과 부일 때는 매우 중요해진다. 이런 문제에서 현실과 상반된 힘은 매우 강력해질 수 있다. 불운도 중요한 역할을 하게 된다. 데어드레 존스의 말처럼, 그림 그리기와 선언문 낭독에는 그것을 이룰 수 있다는 강한 절대적 신념이 뒤따라야 한다. 또한 원하는 목표를 달성한 자신의 모습을 끊임없이 영상화하는 것도 필요하다.

사업이 번성하고 풍요로움을 즐길 시간을 가지기 원한다면, 그 상황에 있는 자신의 모습을 머릿속에 그려야 한다. 만일 원하는 것이 막대한 부라면, 은행에 가서 넉넉한 통장 잔고를 확인하는 자신의 모습을 떠올려라. 이런 영상화 과정은 꾸준히 지속되어야 한다.

큰 목소리로 자신의 목표를 외치는 것도 큰 도움이 된다. 스스로에게 충분히 말하고 나면, 그것이 이루어질 수 있다고 생각하게 될 것이다. 이런 방식으로 자신의 목표를 달성하는 데 필요한 믿음을 강화하고, 늘 그 상태를 유지하게 된다.

자신에 대한 믿음은 부를 끌어당기는 영상화의 핵심이다.

우리는 부나 물질적 풍요로움 자체만으로 실현된 사람, 행복한 사람
이 될 수 없다. 풍요로움은 경제적 성장을 의미하지만 건강, 우정, 사랑,
창의력, 자립심 등을 가진 부자라는 뜻도 된다. 예를 들어 풍요로움을
즐기고, 관리하고, 늘리려면 건강과 충분한 에너지를 가져야 한다. 사랑
과 우정은 우리에게 공유한다는 즐거움을 주고 사랑하는 사람들에게
넉넉한 마음을 가지게끔 한다. 한편 자립심은 우리가 아무런 제약 없이
있는 그대로 경제적 자원을 사용할 수 있게 해준다. 이렇게도 말할 수
있겠다. 물질적 풍요로움은 우리가 지금까지 다루어 온 다른 목표들을
완성시키고 최적화해 주는 또 다른 목표라고. 그렇다고 해서 그것이 나
쁜 것은 아니다. 우리가 그것을 인생의 중요한 목표로 설정하더라도 마
찬가지이다.

자긍심에 관한 장에서 소개했던 로마 베토니는 "풍요로움을 인식하
면 인생의 어느 순간에서건 돈, 건강, 번영, 행복이 표출되게 된다. 우
주에서 부가 생성되고 있기 때문이다." 라고 주장했다. 그는 풍요로움을
인식하기 위한 세 단계를 제시한다.

- **1단계 주는 법을 배워라** 사랑, 동정, 연대감으로 다른 사람들에게 베풀어

라. 당신이 베풀 수 있는 만큼. 그리고 조금 더.

- **2단계 돈과 화해하라** 돈을 더럽고 불순한 것으로 생각한다면 당신의 마음은 계속 가난과 관련된 감정에 끌릴 것이다. 그리고 당신이 비열하다고 생각하는 것으로부터 멀어지게 될 것이다.

- **3단계 우리 모두 벌어야 한다는 사실을 안다** 꼭 누군가가 잃어야만 다른 사람이 얻게 되는 것은 아니다. 세상에 있는 것은 모두를 위해 충분하다. 그것을 차지하기 위해 싸우지 않아도 될 정도로 말이다. 욕심을 날려 버려라. 때가 되면 전부 합당히 이루어질 것이다.

이 세 단계가 담고 있는 메시지를 이해하고 받아들였다면 이제 풍족함을 위한 긍정적인 의식을 갖게 된 것이다. 이제 당신은 두려움과 후회 없이 그것을 추구할 수 있다. 당신을 가로막을 자는 아무도 없고 당신 스스로 자신을 낮추지도 않을 것이니까. 베토니는 당신이 마땅한 풍요로움을 누릴 수 있도록 당신에게 도움이 될 만한 긍정적인 행동과 태도를 담은 십계명을 만들었다.

로마 베토니의 풍요로움을 이루기 위한 십계명

- **마음속 욕구에 충실하라** 가장 먼저 할 일은 가장 깊은 소망과 접선하는 것이다. 이러한 소망들은 대개 우리가 원해야 하는 것들과는 거리가 멀다.

'해야 하는 것'을 머릿속에서 지우고 나면, 우리가 찾고 있는 것을 실현시키는 데 필요한 상황을 끌어당기는 자석이 활성화된다.

- **우선순위를 정하라** 진실로 당신을 움직이는 소망과 교신했으면 그것을 이루는 데 도움이 될 행동 계획을 세워라. 무엇이 우선적인지 뚜렷한 경우도 있지만, 당신이 우선순위를 정해야 할 때도 있을 것이다.

- **당신 목표의 비전을 이루어라** 그림 그리기는 꿈이 실현되는 데 필요한 강력한 무기다. 당신의 상상력을 발전시켜라.

- **당신이 선택한 것을 사랑하라** 당신이 사랑하는 것을 한다면, 우주의 에너지가 당신을 지지할 것이고 매 길목마다 당신과 함께할 것이다. 그렇지 않다면, 적어도 당신이 하는 것을 사랑하라.

- **감사하라** 당신이 진심으로 원하는 것은 이미 당신 것이고 다만 아직 표출되지 않았을 뿐이라고 생각하라. 당신이 바라는 것을 얻기 전에 먼저 감사하는 것이 중요하다. 감사하는 마음은 곧 받기 위해 열려 있는 마음이기 때문이다.

- **주고자 하는 것을 받아들여라** 인생이 당신에게 주고자 하는 것을 받을 준비를 하는 것은 풍요로움을 실체화하기 위한 밑거름이다.

- **그것을 기정사실화하라** 감사하기로 마음먹고 실천했다면 그것을 말로 내뱉어 확고히 하라. 예컨대 "난 그것을 이미 한 거야."라고 하라. 진심으로 한 말은 엄청난 힘을 발휘한다.

- **행동하라** 일단 한번 행동하여 달라진 것을 본다면, 마음이 편해지고 새로운 영감이 떠오를 것이다.

- **'참된 존재'에 전념하라** 그림 그리기의 도움으로 의지가 에너지로 가득한 지금, 당신은 사랑과 감사를 느끼고 행동했다. 이제 남은 일은 모든 것을 신에게 맡기는 것이다.

- **결과에 초연하라** 농부가 밭을 갈고 씨앗을 뿌릴 때 싹이 트는 것을 보기 위해 다시 발길을 돌리지 않는다. 그저 자연이 제 몫을 하도록 내버려둘 뿐이다. 당신도 자신의 인생과 신이 알아서 행동할 때까지 기다려야 한다. 제한된 당신의 마음이 생각할 수도 없는 해결책을 가지고 있기 때문이다. 이렇게 했는데도 기대한 결과를 얻지 못했다면, 그럴 만한 이유가 있다고 생각하라. 앞으로 일어날 일은 무엇이든 반드시 당신에게 이로울 것이다.

우주의
모든 법칙은 하나다

당신이 찾는 것의 길은 많을지라도,
찾는 것은 언제나 하나이다. — 앗 딘 무하마드 루미(Jalal Ad Din Muhammad Rumi)

이 장을 시작할 때 인용한 구절은 13세기 수피교의 철학가이자 시인이며 이른바 '선회하는 수도사'에게 영감을 준 잘랄 앗 딘 무하마드 루미가 한 말이다. 개방되고 열린 마음을 가졌던 루미는 개인 성장과 인간의 영적 발전의 대가로서 그의 설교는 누구에게나 적용할 수 있었다. 그의 글 또한 아무도 제외시키지 않는다. 다른 믿음이나 종교적 가치관도 부인하지 않는다. 그의 소명은 수피교뿐만 아니라 이슬람교도, 불교신자, 유대인, 기독교신자, 또 아테교를 믿는 사람들까지 아우른다. 그의 제안은 누구나 달성할 수 있는 존재의 가장 높은 상태와 완전한 완덕完德을 이루자는 것이다. 그의 시 한 편을 보자.

오라, 오라, 누구든지 오라!

믿음이 없는 자, 믿는 자, 모두 오라.

우리 대상隊商들은 절망의 대상이 아니다!

우리 대상들은 희망의 대상이다!

수천 번의 약속을 어겼더라도 오라!

오라. 어찌 됐건 오라!

이 희망찬 메시지와 함께 이 책의 마지막 장을 시작하겠다. 여기에서는 긍정적인 생각 그리고 끌어당김의 법칙을 통한 마음과 우주의 에너지의 이용과 관련된 영적·철학적·종교적 비밀의 원천을 하나하나 짚을 것이다.

평화를 이루는 지혜

자신의 감정을 통제하게 해주는 신앙으로 충만한 자는 최상의 평화를 이룰 수 있는 지혜를 가지게 된다. _바가바드기타(Bhagavadgita)

　기원전 1000년과 2000년 사이의 어느 시점에 탄생한 힌두교는 현재 수행되는 종교 중 가장 역사가 깊다. 심오하고 복잡한 영적 세계를 가진 힌두교는 이렇다 할 창시자가 없었다. 역사적인 창시자나 신화적인 창시자도 없었다. 힌두교는 사실 시간이 지나면서 토착 신앙, 전통, 의식들이 융합되어 형성된 것이다.

　힌두교의 모태가 되는 혼합주의는 인더스 강과 갠지스 강 사이의 북쪽 평야에서 산스크리트어로 된 첫 종교 문자를 통해 베다 문명이 꽃을 피울 때 생겨났다. 이 중 가장 오래되고 심오하며 공인된 문헌은『베다』와『우파니샤드』이다. 이후『푸라나Puranas』『마하바라타Mahabharata』『라마야나Ramayana』등이 생겨났다. 신학, 신화학, 철학 등을 다루고 있는 이러한 경전은 동시에 달마Dharma, 즉 올바른 종교적 삶의 길을 걷기 위한 영적 길잡이 역할을 했다.『바가바드기타』는『마하바라타』가운데 몇 구를 따 이후에 탄생한 경전으로 베다의 가르침의 완전한 축약판이라는 평을 받고 있다.

베다교는 주로 인도를 기반으로 발전했지만 이후 세계 곳곳으로 확대되었고 오늘날 여전히 그 영향력을 발휘하고 있다. 베다교의 신자는 현재 약 20억 명으로 추산되고, 이 중 9억 명은 인도와 네팔인들이다. 나머지는 방글라데시, 스리랑카, 파키스탄, 인도네시아, 말레이시아, 수리남, 가이아나, 마우리 섬, 피지, 트리니다드토바고와 같은 힌두교 밀집 지역에서 활동하고 있다.

힌두교는 서구에서도 중요한 위치를 차지한다. 특히 몸과 마음을 다스리는 요가 기법이나 선험적 명상의 다양한 형태가 힌두교를 기반으로 하고 있다. 베다교는 인도가 영국의 식민 지배를 받았던 시대에 유럽과 미주 지역에서 알려지고 전파되기 시작했다. 이후 힌두교는 마하트마 간디Mahatma Ghandi와 그의 평화적 저항의 등장으로 이 지역에서 절정기를 맞이한다. 벵골인 라빈드라나드 타고르Rabindranath Tagore의 서사와 시 또한 한몫을 하였다. 그 후 수많은 '구루(영적 지도자)Guru'와 '스와미스(대가)Swamis'가 등장하면서 미국, 캐나다, 영국 등지를 중심으로 힌두교가 크게 전파되었다.

비틀즈와 마하리시Maharishi

록앤롤의 아이돌들은, 비틀즈를 선두로 1960년대 히피 세대로 알려진 저항적이면서 평화주의자였던 젊은이들 사이에서 이른바 힌두교 붐을 일으켰다. 1967년 여름, 한창 전성기를 구가하던 비틀즈의 네 멤버와 믹 재거Mick Jagger, 브라이언 존스Brian Jones, 롤링 스톤스Rolling Stones와 같은 록스타들은 영국에 있던 마하리시 마헤시 요기Maharishi Mahesh Yogi를 찾아갔다. 마하리시는 당시 서구에서 기독교의 근본주의를 위협하던 '영적 세대 운동'을 불러일으킨 장본인이다. 그 뒤 얼마 후 비틀즈는 미아 패로Mia Farrow, 도노반Donovan, 마이크 러브Mike Love 등과 함께 마하리시의 선험적 명상 강좌를 듣기 위해 인도를 방문했다.

마음속 신

힌두교, 자이나교, 불교, 시크교 등 인도의 모든 달마신앙은 영혼의 불멸함을 주장한다. 영혼이 죽음과 부활의 반복된 주기를 따른다는 것이다. 천년의 베다교는 '베단타Vedanta'의 가르침에서 나타난 '요가'라는 힌두 교리로 발전했다. 이것의 우주진화론에서는 우주를 이쉬바라Ishvara와 브라마Brahma로 대변되는 내재하는 신이 있는 하나의 총체로 인식한다.

이와 관련하여 흥미로운 점은 힌두교의 이런 신적 존재들은 다른 하위신들을 통해 각 개인의 마음에 투영된다는 것이다. 바로 이것은 '신은 우리 안에 있다'는 믿음을 뿌리내리게 했다. 다시 말하자면 인간은 각자 내면에 신성함을 가지고 있다는 것이다. 힌두교 신자들은 그것을 '해탈'

을 통해 이룬다. 해탈은 명상과 깨우침을 통해 이르는 절대적으로 자유로운 상태이다.

해탈은 하늘의 공간도, 영혼의 상태도 아닌 사람이 신성함에 관여하는 것을 막는 장애물들로부터 해방되는 경험이다. 이것은 출생, 소망, 욕구, 의식, 탐욕, 증오, 무시, 혼돈, 죽음 등 자아를 이루고 있는 모든 것을 담고 있다. 사람은 저마다 자신의 영혼 속에 '업Karma'을 가지고 있다. 업이란 끊임없는 부활을 통해 축적된 좋고 나쁜 행동의 결과로서 다음의 부활을 결정짓기도 한다.

업의 법칙에 따르면, 죽음과 부활의 굴레에서 벗어나는 유일한 방법은 산스크리트어로 '모크샤(해방)Moksha' 또는 '무크티(열반)Mukti'라고 하는 것이다. 이는 시공간에 대한 모든 의식을 없애고 업의 무거운 짐을 해방시켜 주는 굉장한 현상이다. 해탈에 이르게 하는 이 과정은 기독교적 관점에서 봤을 때는 해방이라기보다는 자아의식을 없애고, 개인의 본질을 분해시키는 것이다. 이 과정이 절정에 이르게 되면 현세의 모든 욕구와 기대감을 묵살시켜 평정과 지혜의 상위 단계에 들어갈 수 있게 된다.

선구자들에 대한 영향

힌두교가 관련 종파인 불교와 함께 19세기 말에 나타난 서구의 정신주의에 지대한 영향을 미쳤다는 사실에는 의심의 여지가 없다. 신사상과 끌어당김의 법칙과 같은 원칙을 만들고 보급한 종교 사상가와 지도자들은 인도 종교를 인지하고 연구했다.

그들은 이러한 신앙이 추구하던 신비학적 요소에는 공감하지 않았지만, 이런 믿음을 바탕으로 인간의 정신이 신성함에 개입하고 그것과 동화한다는 결론에 이르게 됐다. 또한 우울, 고통, 증오, 질투, 그 밖의 부정적인 생각과 관련된 마음의 유해한 요소들을 극복해야 한다는 필요성을 깨달았다. 그 목적은 개인의 삶을 긍정적으로 변화시키면서 자신의 영적·물질적 목표를 달성하기 위해서였다.

고통을 없애는 길

현재 우리의 모습은 과거에 우리가 했던 생각의 결과다.
우리의 생각에 기초하고 우리의 생각으로 만들어져 있다. _붓다

불교는 힌두교 이후에 등장한 신앙으로 힌두교와 밀접한 관련이 있다. 불교의 창시자이자 주된 숭배대상은 기원전 5세기 북인도의 태자 고타마 싯다르타Gautama Siddartha이다. 그는 자신의 삶을 바꾸게 된 가르침을 얻었다. 이런 이유로 그들의 추종자들은 싯다르타를 '부처'라 불렀

다(산스크리트어 '부다Buddha'에서 나온 말로 '깨인 자', '감시자', '깨우친 자'를 뜻한다). 싯다르타는 설법으로만 40년이 넘게 전도 생활을 한 후 80세의 나이로 생을 마감했다. 그의 가르침은 인도 전역과 네팔, 방글라데시, 스리랑카 등 주변 지역, 특히 중국으로 빠르게 퍼져 나갔다.

불교는 신비스러운 종교이기보다 철학적인 종교이다. 행동의 지침을 제시하고 완덕과 영혼의 고요를 이룰 수 있는 길을 여는 것이다. 불교에서는 '사성제四聖諦'를 설파하는데 이는 인간의 고통과 관련된 고苦, 집集, 멸滅, 도道의 네 가지 진리이다. 마지막 진리인 '도'는 괴로움과 고통을 없애는 길이며, '여덟 가지 고귀한 길(8배)'로 귀결된다. 또한 도를 통해 우리는 선험적 명상을 하고 지혜를 얻을 수 있는 영적으로 평온한 상태가 될 수 있다. 도를 모두 걷는 자는 '부처'라 불릴 수 있다. 싯다르타가 우리가 말하는 '그' 부처이긴 하지만 그는 유일무이한 부처가 아니다. 이름만 바뀌었지 싯다르타 이전에도 부처와 같은 존재가 있었고, 앞으로도 새로운 부처가 있을 수 있기 때문이다.

부처를 신으로 추대하는 이들도 있지만 불교 신자들은 대부분 그를 단순히 불교의 창시자요, 시작도 끝도 없는 우주의 에너지로 깨달음을 얻은 지도자로서 숭배한다. 창조하는 신, 전지의 신, 전능한 신에 대한 개념은 없다. 이런 무신론은 세상의 다른 종교들과 차별된다.

서구의 첫 불교 신자들은 대부분 아시아 지역의 이민자나 영적으로 불안정했던 불가지론자와 무신론자들이었다. 불교는 일본의 젠禪을 제외하고 서구 선진국에서는 크게 뿌리 내리지 못했다. 그러나 괴로움에 대한 거부와 우주 에너지에 대한 믿음은 19세기와 20세기 정신주의에 영감을 주었다.

젠(선불교)禪

1983년 시카고에서 열린 세계종교학회에는 불교의 젠 운동을 대표하는 샤쿠 소엔釋宗演 스님이 참여했다. 젠 운동은 중국 불교의 어느 철학, 종교 학파에서 파생된 것으로 7세기 일본에서 탄생했다. 당시 샤쿠의 포교는 미국과 유럽에서 이 새로운 명상 학파가 시작되는 출발점을 알렸다. 그때부터 지금까지 젠은 요가와 함께 서구에서 수행되는 동양 정신주의의 대표주자로 자리매김하고 있다.

젠의 특징은 성서 연구 또는 교화적 기도문과 격언 낭독 등과는 별도로 개인의 명상 실천을 중요시한다는 것이다. 지혜는 경험으로 얻어져야 하며 그 정점은 부처의 깨우침에 도달하고자 하는 '깨달음' 또는 '계몽'이 된다.

이러한 목적으로 젠의 추종자들은 앉아서 하는 명상법인 '좌선坐禪'을 수행한다. 싯다르타가 '깨우친' 또는 '계몽된' 상태에 있었다는 것처럼 말이다. 또한 이러한 자세는 '여덟 가지 고귀한 길'을 구성하는 마음 다스리기와 집중력과 같은 전통적인 요소와도 일맥상통한다.

앞서 말했듯이 젠은 대승불교의 전통에서 비롯된 것이다. 대승불교의 수행은 '선불교'라는 이름으로 기원후 7세기에 중국에서 시작됐다. 선불교는 이후 한국, 베트남, 일본 등지로 확대됐고 그곳에서 영향력을 넓히게 되었다. 이것이 서구에서도 큰 호응을 얻을 수 있었던 이유는 일부이기는 하지만 교리의 명료함에서 찾을 수 있다. 즉 우리 모두 부처가 될 수 있는 가능성을 가지고 있으며 오직 자신의 내면을 들여다봄으로써 그것을 이룰 수 있다는 것이다. 본질적으로 매우 유사한 철학으로서 현내 정신주의와 신사상에 영감을 주었다.

모든 것을 치유하는 에너지

아무것도 바꾸지 못하는 환상에 집착하지 마라. _우스이 미카오(臼井甕男)

20세기 초 쿠라마 산 정상에서 3주 동안 금식과 명상을 한 끝에 일본의 우스이 미카오 박사는 영기靈氣로 치료할 수 있는 재능을 얻게 되었다고 한다. 이 경험을 토대로 그는 '레이키(靈氣, '레이靈'는 일본어로 '우주', '키氣'는 '에너지'를 의미)라는 대체 치료법을 개발했다. 아마도 전 세계로 전파될 것이라 직감했을 것이다.

그의 이론에는 우주에서 떠도는 '생명 에너지Vital Energy'가 있으며, 치료적 목적으로 사용하고자 훈련받은 사람들은 이 에너지를 이용할 수 있다는 생각이 깔려 있다. 가장 널리 알려진 기법은 손을 흔들어 기를 '충전'한 뒤 지압하는 전통적인 치료법과 유사하다. 이 방법을 실천하려면 '레이키의 대가'가 이끄는 입문 과정을 거쳐야 한다. 이 기법을 시작하면 영기를 손으로 모을 수 있고, 병의 치료나 예방을 목적으로 그것을 자신이나 다른 사람들에게 사용할 수 있다.

우선 영기를 받은 두 손을 환자의 몸 위에 올려놓는다. 환자는 옷을 벗지 않아도 된다. 치료할 부위에서 몇 센티미터 떨어진 곳에 손을 두고 있어도 된다. 몇몇 대가들은 환자에게 이 기법을 실행하는 자는 반드시 환자의 문제를 파악하고 있어야 하며 그것을 치료하겠다는 의도에 집중해야 한다고 주장한다. 그러나 급진파들은 이 원칙을 거부한다. 이들은 영기 스스로 치료할 부위, 또는 주로 통증을 느끼는 기관을 찾아내서 환자의 의지 없이 작용할 수 있다고 주장한다. 우주의 에너지는 이렇게 의학의 세 가지 기본 기능, 즉 예방, 진단, 치료 기능을 수행하게 된다.

이런 세 가지 기능 이외에도 영기는 아무런 문제없이 다른 치료 과정에 작용할 수 있다. 대증 요법, 동종 요법, 자연 요법 등 그 종류는 상관없다. 그리고 이것은 실제 영지 실천에서 비일비재하다. 다른 치료 요법과 기능이 유사한 까닭에 몇몇 레이키 옹호론자들은 이것을 합당한 치료법이라 주장하기도 하고, 기존의 치료법이 실패할 수도 있다고 반박하기도 한다. 물론 이것이 일반적인 견해는 아니다. 다른 치료 기법에서 환자가 원할 경우 레이키 요법을 적어도 해롭지 않은 보조 수단으로 받아들이고 있기 때문이다.

레이키와 신사상

서구에서 레이키가 널리 확대된 이유는 아마 그 적용법이 간단하기 때문일 것이다. 게다가 신비주의적 이론이나 비밀스런 교리도 없으며, 다른 치료법과 함께 활용할 수 있다. 적용 범위가 넓은 것은 두말할 나위도 없다. 특히 치료 분야에서 말이다.

우스이 박사의 이론이 현대에 대두됐고 몇몇 경우 미국 신사상 선구자들 이후에 등장한 것이긴 하지만, 20세기 말 레이키의 커다란 반향은 모든 정신주의 교리를 뒷받침하는 지지대 역할을 했다. 레이키가 특히 영향을 미친 분야는 우주의 진동과 끌어당김의 법칙으로, 이는 레이키의 기본 토대이기도 하다.

우주의 조화를 깨우치기 위한 비밀

우주에서 사라지는 것은 없다.

그 안에서 일어나는 모든 것은 변화이다. _피타고라스

인류 지식이 피타고라스에게 빚진 것은 그의 이름을 딴 유명한 법칙 (사실 이것은 그가 동양에서 들여와 그의 제자 중 하나가 완성시킨 것이다)뿐만이 아니다. 피타고라스가 정립한 첫 과학적 우주진화론도 그 중 하나이다. 수학적 원칙에 바탕을 둔 그의 우주진화론은 지구를 '우주Cosmos'라는 이름이 붙은 완벽한 시스템의 행성 중 하나로 본다.

피타고라스는 기원전 570년경 현재의 터키 앞에 위치한 사모스 섬에서 태어났다. 그는 그곳에서 탈레스Thales, 아낙시만드로스Anaximandro, 아낙시메네스Anaximene와 같은 초기 이오니아 철학가들의 사상을 연구했다. 청년기에는 메소포타미아와 이집트로 여행을 떠나 그곳에서 동양 사상과 전통을 배웠다. 사모스로 돌아온 피타고라스에게는 그 당시 사모스 섬을 지배하고 있던 폴리크라테스Polykrates의 횡포가 기다리고 있었다. 결국 그는 추방당하고 만다. 피타고라스는 이후 크로토나에 정착하게 된다. 기원전 500년 당시 이탈리아 남부의 번성하던 그리스 식민지 크로토나에서 피타고라스는 철학적·종교적·정치적 목적으로

학교를 설립했는데, 이후 이것이 고대 전 세계에 널리 알려지게 됐다.

그는 40년이 넘게 자신이 세운 학교에서 제자를 양성했으며 그의 제자들은 그를 신처럼 숭배했다. 피타고라스는 단 한 줄도 남기지 않은 채 세상을 떠났다. 이후 그의 제자들은 수학뿐만 아니라 철학까지 아우르는 스승의 사상과 도덕적 고행의 교리를 전파하고 발전시켰다. 그 후 150년이 지나 피타고라스 사상은 플라톤과 아리스토텔레스를 비롯한 많은 철학가들에게 영향을 끼치고 중세 후기 '신플라톤주의' 철학가들과 르네상스에 의해 재탄생하게 된다.

피타고라스학파는 우주의 조화를 깨우치기 위해 숫자의 조화가 가진 비밀을 알아내고자 했다. 그들은 완전한 숫자의 형태로 된 우주의 본질을 찾고자 했다. 숫자에 대한 그들의 열정은 종교적 신비론을 과학과, 음악을 우주진화론과, 형이상학을 철학과 연결 짓게 하였다. 이렇게 그들은 육체, 영혼, 정신을, 숫자를 '만물의 본질'로 만드는 조화로운 합일체로 보았다.

천체의 조화

피타고라스는 수학을 연구하던 중 시대와 악보 간의 숫자적 관계에 관심을 가지게 됐고, 이는 플라톤 운동으로 이어졌다. 그는 다양한 천체 운동 간의 완벽한 균형을 찾아 이것을 음악 또는 천체의 조화라 불렸다(그는 이미 지구와 다른 행성이 둥글다는 사실을 알고 있었다). 이러한 개념은 플라톤의 『대화편』 중 「페드로와 공화국」에 드러나 있는데, 여기에서는 피타고라스적 우주진화론을 바탕으로 태양과 달을 선한 영혼으로 가는 천국의 길로, 몇몇 행성을 악한 영혼을 처벌하기 위한 지옥으로 묘사하고 있다.

무엇보다 피타고라스와 그의 제자들이 현대 신사상에 기여할 수 있었던 것은 우주를 움직이는 조화로운 균형체로 본 그의 비전 때문이었다. 우주의 완벽함은 고대 신들이 가진 불완전하고 임의적인 힘을 대체했다. 그가 묘사한 우주는 오늘날 우리가 알고 있는 것과 비슷하며 이상화되어 있다. 정신주의의 선구자들에게는 정신력에 대한 그럴듯한 이론을 수립하기 위해, 자기장이나 에너지 전달과 같은 최근에 이루어진 발견만 알면 충분했다.

끌어당김 법칙의 원천

지구, 천체 그리고 동물의 몸 사이에는

상호 영향 관계가 있다. _프란츠 메스머(Franz Mesmer)

현대 정신주의에 결정적인 역할을 한 과학자가 있다면 주저 없이 독일의 의사 프란츠 메스머를 꼽을 것이다. 그가 주창한 동물 자기장 이론은 끌어당김의 법칙의 이론 및 적용과 거의 완벽히 들어맞는다. 또한 최면술을 이용한 그의 치료법은 신사상을 옹호하는 치료학자들에 의해 적용되어 왔다.

메스머는 한 삼림관리인의 아들로 1734년 콘스탄자 호숫가에 있는 이츠낭Iznang에서 태어났다. 아마 청년 메스머는 우주 에너지에 대한 그의 초기 발상을 신플라톤주의에 관한 서적이나 칼리오스트로Cagliostro와 놀라운 마력을 가진 다른 마법사들의 생애에서 얻었을 것이다. 분명한 점은 그가 알려지지 않은 치료적 힘이 존재한다는 것을 확신하게 됐다는 것이다. 그 힘은 동물의 몸을 물리적으로 지구와 우주의 에너지와 연결하고 있었다. 그는 자신의 발견을 '동물 자기장'이라 이름 붙였다. 이는 동물학적인 의미에서가 아니라, '영혼'을 뜻하는 라틴어 'Anima'에서 따온 것이다.

의사였던 프란츠 메스머는 이러한 자기장의 성질을 환자에게 실험하였고 이를 자신의 동료들에게 설명했다. 그러나 당시의 과학계는 허무맹랑한 그의 이론을 전면적으로 부인했다. 그럼에도 불구하고 메스머의 이론은 우주의 신비한 힘을 이용하면 다양한 종류의 질병을 치료할 수 있다는 점을 강조하면서 대중들의 큰 지지를 받게 됐다. 이런 그의 성공은 비엔나 의학학회의 원성을 사게 되고 그에게 도시를 떠나라고 강하게 압박했다. 메스머는 이러한 요구를 묵살하고 싶었지만, 그를 재판소에 세우겠다는 협박에 못 이겨 결국 파리로 떠나게 됐다.

그는 파리에서 이전보다 더 큰 행운과 성공을 누렸다. 그의 치료법을 홍보하는 일환으로 참석자들에게 최면을 거는 시연회를 열기도 했다. 최면의 대상이 된 사람들은 최면술사를 옆에 두고 불가능한 것 또는 단순히 신기하거나 재미있는, 그러나 모욕적이지 않은 행동들을 떠올려야 했다. 놀라운 연극적 정신주의자가 된 메스머는 자신의 팀과 유럽 전역을 돌아다니며 18세기 최고의 최면술사로 이름을 떨쳤다. 그러나 이것은 위대한 과학자로서의 칭송은 아니었다.

1784년 메스머 박사의 치료법은 한 과학위원회의 조사를 받게 된다. 여기에는 당시 프랑스에 있었던 벤자민 프랭클린Benjamin Franklin도 참여하였다. 그들은 메스머의 이론은 전혀 과학적인 근거가 없다고 판결했다. 메스머는 억울하고 분했지만 파리를 떠나 스위스에 정착했고 그곳에서 1815년 숨을 거두었다. 그의 추종자들은 의학계의 끊임없는 의혹의 눈초리 속에서도 연구와 실험을 계속했다. 그러나 최면술이 과학적 최면, 특히 정신요법에 영향을 주었다는 것만은 분명하다.

관계를 다스릴 줄 아는 능력

남을 아는 것은 지능이고,

나를 아는 것은 지혜다. _도덕경(道德經)

1995년 엄청난 사건이 일어났다. 과학서 『감성적 지능Emotional Intelligence』이 전 세계적으로 생각지도 못한 인기를 끈 것이다. 책은 상상할 수 있는 모든 언어로 번역됐고, 오랫동안 베스트셀러 1위로 자리 매김했다. 그것은 저명한 과학 발명가 스티븐 레이 굴드Steven Ray Gould 시대 이후로는 일어나지 않은 것이었다. 또한 저자인 다니엘 골만Daniel Goleman에게 놀랄 만한 명성과 막대한 부를 안겨 주었다. 게다가 책은 두껍고 이해하기 어려운 데다 난해한 논문체로 쓰여 있었다.

유능한 심리학자에 명상으로 단련된 골만은 자신의 저서에 인간 지능의 기능과 특징과 관련된 최근의 연구 결과를 삽입했다. '사회적 지능'이란 개념을 도입한 심리학자 에드워드 손다이크Edward Thorndike 역시 선구자 중 하나였다. 그는 1912년 사회적 지능을 '남녀와 아이를 이해하고 이끌며 인간관계를 지혜롭게 다스릴 줄 아는 능력'이라 정의했다.

하버드 대학의 심리학자 하워드 가드너Howard Gardner는 1983년 『다중 지능Multiple Intelligence』을 내고, 그때까지도 받아들여졌던 유일 지능 대신 분야별로 다양한 지능의 형태가 존재한다고 주장했다. 그는 여덟 가지 유형의 지능 체계를 제안했다. 즉 구두-말, 논리-수학, 신체-운동, 시각-공간, 음악, 감정(이것은 자기 이해와 대인 관계로 나뉜다), 자연 탐구, 존재이다.

'감성적 지능'이라는 표현은 골만이 만든 것이 아니다. 피터 살로이 Peter Salowey와 존 메이어John D. Mayer가 1990년 정신학 분야에서 처음으로 감성적 지능의 개념을 도입하면서 이것을 '자신과 타인의 감정을 인식하고, 구분하고, 자신의 사고와 행동을 조정할 수 있는 정보로 이용할 수 있는 능력'으로 정의했다.

감정적 사고

감성적 지능의 옹호자들은 이것이 사회적 지능이 결정짓는 역량 내에서 이루어지는 특정 행동으로 이루어져 있다고 말한다. 감정은 필연적으로 사회적 관계와 연계한다. 물론 그 외 인생의 여러 부분에서도 작용한다. 우리의 지능은 우선순위를 정하고, 긍정적인 것을 취하고, 우울과 실패에 빠지게 만드는 부정적인 생각은 거부하는 등의 행동에 반응한다. 감정만이 이 과정에 개입하는 것은 아니지만 그 영향력 또한 간과할 수 없다. 우리의 목적은 감정을 인지하고 정복하여 그것이 개인적·사회적 삶에 개입하지 않고, 반대로 우리의 관계와 의사결정 과정을 도와주는 정보를 제공하도록 만들어야 한다.

따라서 감성적 지능을 다음의 네 가지 능력으로 표현할 수 있다.

- 감정을 정확히 인지하는 능력
- 사고와 합리화를 효과적으로 하기 위해 감성을 이용하는 능력
- 자신과 타인의 감정을 이해하기 위한 능력
- 자신의 감정을 통제하기 위한 능력

최근 연구를 보면 사고와 감정을 분리할 수 없다는 것이 입증되었음을 알 수 있다. 우리가 논리만을 이용해 내리는 결정들은 상황 전체를 놓고 보면 가장 적절한 것이 아닐 수 있다.

골만의 저서가 성공하면서 감성적 지능은 두 갈래로 나뉘게 되었다. 그 중 하나는 감성적 지능을 인재 양성과 경영의 관점에서 보는 것으로 이 분야에서 감성적 지능을 활용하는 법을 제시한 수많은 책들이 쏟아

졌다. 또한 이 주제와 관련된 강연이나 강좌를 개최하는 전문가들도 우후죽순으로 생겨났다. 골만은 첫 번째 길을 선택해 그의 두 번째 저서의 제목을 『감성적 지능과 경영』으로 정했다. 다른 길은 자기 계발 또는 자신감으로 불리는 것으로 많은 저자들과 실천가들이 감성적 지능을 의지와 연상 작용에 바탕을 둔 자신들의 행위를 뒷받침할 이론적 토대로 사용했다. 물론 정신주의적 요소도 가미하긴 했다.

분명한 점은 감성적 지능주의와 관련된 어떤 학파나 저자도 마음의 에너지나 우주의 진동, 또는 끌어당김의 법칙을 언급하지 않았다는 것이다. 그러나 이러한 이론적 결핍은 뇌와 뇌의 작용에 대한 연구가 유행하면서 점점 보완되었다. 이것은 로마 베토니, 수잔 제퍼, 그 밖의 많은 전문가들이 감성적 지능을 그림 그리기의 보조 도구로 사용할 정도로 정신주의에 활력을 불어넣었다.

인물 소개

- **로마 베토니**Roma Bettoni 변호사인 로마 베토니는 자아 탐구 끝에 감성적 지능의 힘과 마음의 에너지를 연구했다. 수년간 라디오 프로그램 〈우리 모두를 위해〉를 진행했고 TV 프로그램에도 여러 차례 초대되었다. 정기적으로 강연과 강의도 하고 있다. 저서로는 『당신의 내면으로의 여행, 감성적 조화』 『다른 길이 있다』 등이 있다.

- **아닐 바트나가르**Anil Bhatnagar 레이키의 대가이자 동기부여적 치료법과 자기 성장의 지도자이자 강연자. 인도의 교수 아닐 바트나가르는 영성 및 몸과 마음의 관계에 대해 다양한 관심을 가지고 있다. 그의 저서와 기고문은 인도뿐만 아니라 해외에서도 꾸준한 인기를 누리고 있다. 주요 저서는 베스트셀러 『레이키로 당신의 삶을 바꿔라Transform Your LIfe with Reiki』와 『용서라는 작은 책The Little Book of Forgiveness』이다.

● **게리나 던위치**Gerina Dunwich 저술가이자 시인. 유럽의 비밀주의와 중세에서 유래한 위카Wicca 전통을 심층적으로 연구했다. 그녀는 자신의 저서 『초의 마법』을 통해 명상과 집중을 위해 촛불의 힘을 사용하는 법을 기술했다. 현재 신비주의적시를 다루는 잡지 〈골든이시스Golden Isis〉의 편집인이다.

● **제럴드 엡스타인**Gerald Epstein 의학박사이자 뉴욕의 마운트 시나이Mount Sinai 의학센디의 정신임상학 교수이다. 25년째 마음의 이미지, 정신분석, 명상 등을 이용해 환자를 치료하고 있다. 미국, 유럽, 이스라엘에서 강연을 한 바 있다. 주요 저서로는 『깨어 있는 상태에서 꿈꾸는 치료법Waking Dream Therapy』 『치유적 그림그리기』 『치료의 7가지 키워드』 등이 있다.

● **크리스티안 고드프로이**Christian H. Godefroy 프랑스의 정신주의자이자 정신역학과 자기 계발 전문가. 고드프로이는 자신의 전공분야에 대한 수많은 저서를 냈다. 『자립심으로 가는 여권』 스티븐스Steevens 박사와 공저한 『긍정적인 생각 기법』 등이 그 예다. 그의 이름을 딴 출판사는 현재 마음의 정복과 자기최면 분야에서 프랑스어권 시장을 석권하고 있다. 고드프로이는 현재 스위스에서 집필에만 몰

두하며 살고 있다.

 ● **앨리슨 그리너**Alison Greiner 정신주의 치료사인 앨리슨 그리너는 긍정적인 생각과 창조적 마음 그리기를 연구한다. 위생단체 트루스타Truestar에 기고하는 글에서 그녀는 마음으로 치유하는 방법을 옹호한다. 그리너는 집필 활동을 하며 정신 건강 프로그램에도 참여하고 있다.

 ● **수잔 제퍼**Susan Jeffers 인간관계 전문가인 수잔 제퍼는 뉴욕 컬럼비아 대학에서 정신학 박사학위를 취득했다. 로스앤젤레스에는 그녀의 개인 상담소가 있다. 수잔 제퍼는 자기 계발 분야의 세계적인 저자로 손꼽힌다. 그녀의 베스트셀러 『두려움을 느끼자, 그리고 어쨌든 해내자』는 다수의 유명한 상을 휩쓸었다. 다른 저서로는 『위기의 순간에도 인생을 즐겨라』 『두려워도 그냥 해내자』 『사랑의 메시지』 『사람들과 잘 어울리는 법』 등이 있다.

● **데어드레 존스**Deirdre Jones 기상학의 이론적 영상화 분야의 권위자. 엔지니어인 데어드레 존스는 마음 그리기가 자기 계발과 치료에 미치는 영향을 연구하고 설파한다. TV 인터뷰에 자주 초대되는 존스는 정기적으로 자신의 전문 분야에 관련한 기고문을 싣는다.

● **피터 쿠머**Peter Kummer 독일의 심리학자이자 조셉 머피의 애제자로 그의 책을 독일에 전파했다. 피터 쿠머는 활발한 집필 활동을 했다. 주요 저서로는『나는 원해, 할 수 있어, 할 거야!Ich Will, Ich Kann, Ich Werde!』『모든 것은 가능하다』등이 있다. 쿠머는 긍정적인 생각에 대한 여러 강의와 세미나를 맡고 있으며 독일의 라디오 및 TV 프로그램에도 참여하고 있다.

● **데니스 루이스**Dennis Lewis 명상과 동양 치료 요법의 전문가인 데니스 루이스는 수년간 구제프와 아드봐이타 베단타Advaita Vedanta, 도교, 기공을 연구했다. 현재 미국의 주요기관에서 강의와 강연을 하고 있으며 정기적으로 잡지와 신문에 기고한다. 진정한 호흡과 몸과 마음을 치유하기 위한 호흡법 등에 대해『자연호흡의 도』『당신의 호흡을 해방시켜라, 당신의 삶을 해방시켜라』등 다수의 책을 냈다.

 • **린다 매켄지**Linda Mackenzie 임상최면술의 전문가이자 저술가이며 논설기자이다. 자기 계발과 동기부여적 심리학에 대한 강연도 하고 있다. 린다 매켄지는 '창조적인 건강과 정신 Creative Health & Spirit'이라는 자신의 회사를 운영하고 있으며 전공 분야와 관련된 라디오 및 TV 프로그램에도 출연하고 있다. 또한 주요 공기업, 사기업의 자문을 맡고 있다. 주요저서로는 『내면의 생각』『자기최면으로 건강을 회복하라』 등이 있다.

• **어슐러 마크햄**Ursula Markham 영국의 저명한 정신주의자이자 최면치료술사. 어슐러 마크햄은 국가최면술위원회National Council of Hypnotherapy의 정식회원이며 영국 내 이 분야의 가장 뛰어난 전문가로 평가받고 있다. 마크햄은 현재 글로스터Gloucester에 살고 있으며 강연과 TV인터뷰 등을 위한 출장이 잦다. 25편이 넘는 책을 발표했으며 그 중 대표적인 베스트셀러는 『그림 그리기의 미스터리』와 『해답은 당신 안에 있다』 등이 있다.

• **제임스 메시나와 콘스탄스 메시나 부부**James Messina and Constance Messina 심리학자인 메시나 부부는 정신적·신체적 문제의 치유를 전문으로 한다. 치료 기법의 바탕은 긍정적인 생각과 마음의 에너지이다. 30년 넘게 공기업 및 사기업에서 성공적인 업무를 수행하다 현재 플로리다 탬파Tampa에 있는 진료

지도 센터인 '갓돌조직Coping Organization'을 운영하고 있다. 메시나 부부는
『발전을 위한 어드밴스드 디벨롭트 시스템Advanced Developed Systems』을 포
함한 많은 저서를 출판했다.

• **베라 파이퍼**Vera Peiffer 심리분석가이자 최면치료사. 독일
에서 태어난 베라 파이퍼는 1981년 영국으로 건너가 심리학
을 전공했다. '하이포싱크 재단Hypothink Foundation'과 본머
스Bournemouth의 치면술 센터의 프로그램을 이수하기도 했
다. 현재 런던에서 치료사로 일하고 있으며 런던 비즈니스 스쿨London Business
School에서 스트레스 관리에 대한 강의를 하고 있다. 주요 저서로는 『긍정적인
생각 1, 2』 『낙천적으로 살기』 『의무의 덫』 등이 있다.

• **리 풀로스**Lee Pulos 덴버 대학교의 심리학 박사. 리 풀로스
는 인디아나 대학교와 위스콘신 대학에서 수학했다. 정신 치
료법 연구에 매진한 결과 1966년 미국심리학자협회의 임상심
리학상을 받았다. 캐나다 올림픽팀 선수 심리 훈련 및 다양한
스포츠 분야의 심리 자문 의사로 일했다.

● **피터 라그너**Peter Ragnar 미국의 연구자이자 자연치료술사. 도교를 심층적으로 공부하고 무술과 이것이 몸과 마음에 미치는 영향에 대해 연구했다. 현재 자기 계발, 건강한 삶, 장수 등의 분야에서 가장 저명한 전문가로 손꼽히고 있다. 주요 공기업과 사기업의 고문이자 강연과 강의를 맡고 있다. 라디오와 TV 프로그램에도 출현한다. 베스트셀러 『죽지 않는 법』을 포함한 약 20권의 책을 발표했다.

● **레메즈 새손**Remez Sasson 영적 성장, 명상, 긍정적인 생각, 창조적인 그림 그리기의 전문가이자 저술가. 한 달에 두 번 발행되는 잡지 〈의식과 성공Consciousness and Success〉의 편집인이다. 주요 저서로는 『힘과 자가훈련Power and Self Discipline』과 『영상화하라 그러면 이룰 것이다Visualize and Achieve』 등이 있다. 그는 홈페이지를 통해서 성공 성취를 위해 마음의 에너지와 그림 그리기를 활용하는 법에 대해 유용한 자료를 제공하고 있다.

● **마티 블나도 다우**Marty Vernadoe Dow 미국에서 활발히 활동 중인 저술가이자 영적 길잡이. 마티 블나도 다우는 동서양의 전통 종교와 철학을 연구했다. 홈페이지를 통해 '사랑은 뭐든지 할 수 있다Love Can Do Anything'라는 그녀만의 조언을 꾸준히 올리고 있다. 주요 저서로는 『당신의 직관력을 발전시

켜라Developing Your Intuitive Power』와 『사랑이 당신의 인생을 바꾸게 하라Let Love Transform Your Life』 등이 있다.

 ● **왈도 비에이라**Waldo Vieira 의사인 왈도 비에이라는 일본에서 동양 철학을 전공했다. 여러 책의 저자인 그는 40년 동안 의식과 의식의 체외 투영을 공부했고 이 주제와 관련된 서적을 다수 발표했다. 또한 '지속적인 의식센터'의 창립자이며 '국제투영학연구소'의 소장이었다. 현재 뉴욕의 '미국신령연구협회American Society for Psychical Research'의 회원이며 의식학 분야의 첫 백과사전을 편집하는 일을 맡고 있다.

비욘드 시크릿

펴낸날   초판 1쇄 2011년 12월 30일

지은이   브렌다 바너비
옮긴이   김영주
펴낸이   심만수
펴낸곳   (주)살림출판사
출판등록 1989년 11월 1일 제9-210호

경기도 파주시 문발동 522-1
전화   031)955-1350   팩스   031)955-1355
기획·편집 031)955-4671
http://www.sallimbooks.com
book@sallimbooks.com

ISBN   978-89-522-1346-4   03320

책임편집 박종훈